아버지의 인생 수업

나를 딛고 세상을 향해 뛰어올라라

아버지의 인생 수업

나를 딛고 세상을 향해 뛰어올라라

송길원 지음

한국경제신문

추천사 1

인생 고비마다 부모의 밑줄이 힘이 되었으면 하는 마음으로

어느덧 인생의 희로애락을 많이 겪어낸 나이가 되었다. 이제는 인생을 조금 알 것 같기도 하고, 인생의 많은 지점에서 힘들어 하거나 헤매고 있는 후배들을 보면 진지하게 이야기를 나누고 싶어진다. 어느 시집 제목처럼 '지금 알고 있는 걸 그때도 알았더라면' 하는 마음이 생기는 것이다.

아직은 어린 내 아이들을 보아도 마찬가지이다. 이래서 부모가 되면 더 인생에 대해 치열해지고 진지해지는가 싶다. 아이들이 점점 성장해 가면서, 이 아이들이 나와 똑같은 인생의 지점들을 겪어낼 때 어떻게 도움을 줄 수 있을까 생각해 보게 된다. 내가 지금껏 좌충우돌 겪어낸 일들과 깨달았던 것들, 버팀목이 되어주었던 소신들과 인생의 법칙들, 그 중에서도 정말 알토란같은 부분들만을 똑 떼어 알려주고 싶다. 하지만 잔소리로 들릴까봐, 혹은 나만의 방식을 아이에게 강요하는 건 아닐까 싶어 선뜻 생각을 정리하지 못했다.

〈김미화의 U〉라는 프로그램을 진행할 때, 송길원 목사님을 처음 만났다. 목사님이라기에 얼마나 근엄한 분일까 긴장하고 궁금했었는데 근엄하기는커녕 말씀마다 얼마나 유머가 넘치던지, 만날수록 유쾌한 목사님이었다. 그 후로 나는 목사님의 팬이 되었다. 목사님은 늘 행복하라고 온몸으로 우리에게 외친다. 무척 골치 아팠던 고민거리도 목사님 앞에서는 명쾌하게 정리가 된다. 그러고 나면 내가 왜 그리 고민했나 싶어져 가벼운 마음으로 웃게 된다. '긍정의 힘'을 믿으며 사람들에게 긍정적인 메시지, 행복의 노하우를 어떻게 하면 재미있게 전달할 것인지 늘 고민하고 사는 분이다.

특히나 가정의 행복을 위해서 노력하는 모습들을 보면 믿음과 존경의 마음이 든다. 송 목사님의 인생 해법은 언제나 무겁지 않고 경쾌하게 와 닿았다. 게다가 무척 현실적으로 도움을 주었다. 그래서인지 목사님의 두 아드님은 무척 반듯하게 잘 자라준 것 같다. 목사님은 권위적이지 않으면서 늘 아이들의 눈높이에서 갈등과 고민을 이해한다. 그래서 그 힘들다는 부자 간의 소통에 아무런 문제가 없는 것 같다.

서점에 가보면 외국 저자들의 훌륭한 자녀지침서들이 많다. 하지만 읽고 나면 늘 아쉬운 것은 우리의 정서와는 약간 거리가 있다는 느낌이 들기 때문이었다. 이 책을 읽으며 그러한 아쉬움을 충분히 달랠 수 있었다. 책을 읽어보니 과연 '한국의 체스터필드', 송목사님이다. 내 아이들에게 해주고 싶은 조언들이 가득해서 읽다 나도 모르게 밑줄을 긋게 된다. 표현하지 못하고 정리되지 못했던, 부모의 마음으로 전하고 싶은 이야기들이다.

또 흥미로운 것은 아버지가 읽어도, 아이가 읽어도, 방황하는 20대 청년들이 읽어도 모두 읽는 사람의 눈높이에서 배우고 느끼는 바가 많은 책이라는 것이다.

아버지들은 아이에 대한 애정과 관심의 증표로서, 자신의 인생에서 꺼내는 최고의 조언들을 선물로 준비하게 되는 셈이다. 자녀

들 또한 아버지의 애정으로 밑줄 쳐진 이 책을 받으면 얼마나 가슴 벅차고 기쁠까. 더구나 인생의 고비 고비마다 새삼 꺼내보고 싶은 지침들로 가득하니 말이다. 내가 그은 밑줄이 가득한 이 책을 나의 아이들에게, 후배들에게 전해 주고 싶다.

김미화 (방송인)

내 아버지를, 아버지로서의 나를 돌아본다

2년 전 즈음이었다.

중요한 영향력을 지닌 분들이 어느 한 호텔에서 식사를 하며 이야기를 나누는 자리였다. 그 자리에 나와 송길원 대표가 함께 참석을 하였는데, 송 대표 옆에 낯선 한 청년이 계속 자리를 지키기에 누구인지 의아했었다. 송 대표는 "이 청년은 우리 사회에 영향력을 주는 분 100분 정도를 아버지의 인연을 통해 만나고 싶어 하는 제 아들입니다"라고 그 청년을 소개했다. 그래서 나는 그 청년과 함께 차를 마시며 대화를 더 나누게 되었다.

그러면서 '송 대표님이 참 멋진 아버지구나' 라는 생각을 하였고, '나는 왜 나의 아이들에게 이러한 선물을 주지 못했지?' 라는 생각도 했다.

그 후 나의 달라진 습관 중 하나는 사람들 앞에 나의 아이들을 소개하여 내가 아는 사람들과도 좋은 인연을 맺도록 하는 것이다. 송 대표의 영향을 받은 습관이라 고마운 마음이 크다. 고기를 잡아주는 아버지보다 고기 잡는 법을 가르쳐주는 아버지가 더 지혜로운 것처럼, 송 대표의 실제적이고 구체적인 〈행복발전소 · 하이패밀리〉가 얼마나 유익한 일을 하는지도 생각하게 되었다.

나는 이 책의 주옥같은 글들을 읽으며 마치 거울을 보듯 나 자신에 대하여 성찰하게 되었고, 사랑하는 나의 후배들과 자녀들과 내가 어떻게 관계를 맺어야 할지에 대한 신성한 책임감도 더 갖게 되었다. 그 어떤 글들보다 아버지로서 스스로를 통찰하는 데 큰 도움이 되었다.

이 책을 놓으며 나는 잠시 내 아버지를 생각했다.

공직자에서 사업가로 용감하게 결단하신 아버지는 나에게 마치 선구자와 같은 분이었다. 사업을 하면서 우리 집 재산은 하나씩 하나씩 줄어들기 시작했고 얼마 안 가서는 우리 집이 경매에 넘어가기까지 했다. 내 나이가 한창 꿈을 펼칠 20대 중반이라 좌절감도 컸고 많이 불안했다. 아버지는 바깥에서 있었던 일에 대한 이야기를 집에서 거의 하지 않는 좀 무뚝뚝하시고 어려운 분이었다. 그래서 마주 앉아 있는 것이 부담스럽기도 했다. 그런데 그 아버지가 우리 삼남매를 불러 아주 진지하게 그리고 떨리는 목소리로 이런 말씀을 하셨다.

"사람들은 내가 망했다고 한다. 그렇다. 내 사업체는 분명히 망했다. 또 누구에게 들었는데 내 인생이 끝났다고도 한다. 그런데 아들아, 딸아 나는 지금부터 더 행복할 것이다."

유유히 바라보고 있는 우리들의 눈동자와 귀를 향해 다시 이렇게 말씀하셨다.

"그 동안은 돈을 버는 기쁨이 있었다면 지금부터는 빚을 갚는 기쁨을 가질 것이다."

그날 나는 참 편안하게 잠을 잘 수가 있었다. 그리고 지금도 이 어려운 시기에 아버지의 그 말씀이 얼마나 위로가 되는지……. 지금은 돌아가셨지만 그 영혼은 내 가슴속에 살아 있다. 내 아버지의 영혼, 아버지의 스토리텔링이 지금 이곳에 이 책으로 전해지고 있다.

지승룡(〈민들레영토〉 대표)

프롤로그

아버지의 희망노트

글로벌 경제위기 파동으로 우리 사회는 온통 우울한 소식뿐이다. 기업들이 구조조정과 정리해고를 본격화하면서 실직자들과 명예퇴직자들이 쏟아져 나오고 있다. 가계의 실질소득은 줄어들고, 막다른 길에 몰린 사람들의 생계형 범죄가 늘어나고 있다.

지금 막 사회에 나온 청년들은 취업길이 막혀 우울하고, 그 아버지들은 나이 오십을 전후해서 직장을 그만두어야 하는 불유쾌한 트렌드의 주인공이 되어 있다. 자녀의 진학이나 취직 문제만큼 아버지로서 살아갈 앞날에 대한 불안감 또한 심각하다.

아버지의 잠 못 이루는 밤이 점점 깊어간다. 끊었던 담배를 다시 피우기도 하고, 사소한 일에도 발끈 화를 내 다툼이 잦아지기도 한다. 산업화 시대로 들어서면서 가정에서 아버지의 존재는 '돈 버는 기계' 나 '하숙생' 으로 대변되는 처지였다. 이제 그런 역할마저 상실한 아버지들은 지금 그 정체성을 찾지 못해 혼란스럽다.

나도 젊은 시절에 근무하던 학교로부터 해고당한 후 실직자 생

활을 한 적이 있었다. 밤마다 악몽에 시달렸고 앞날이 캄캄해 인생의 방향감각을 잃었었다. 나를 내쫓은 이들에 대한 원망과 분노에 몸을 떨었다. 길고 긴 실직생활이 시작되었다.

백수는 명절이나 기념일이 다가오면 더 초라해지는 법. 어느 해 성탄절이었다. 아들이 신발을 사달라고 해서 신발가게에 들렀다. 지갑에 현금은 없고 카드뿐이었다. 조심스럽게 카드를 내밀자, 가게 주인이 인상을 쓰며 말했다.

"우리 같은 작은 가게에는 카드 기계도 없을 뿐더러 카드 수수료 떼고 나면 남는 게 뭐가 있겠어요?"

화들짝 놀란 나는 한 마디 대꾸도 못하고 아들 손을 잡고 가게를 뛰쳐나왔다.

"아빠, 왜 신발 안 사주고 그냥 가?"

당시 아들의 표정이 내 가슴에 화인처럼 새겨졌다. 그때의 헤진 아들 운동화를 생각하면 지금도 가슴이 아려온다. 가끔 멀쩡한 신발을 신고 있는 아들에게 "신발 사주랴?" 하고 묻는 것은 그때의 망가진 자존심이 아직 회복되지 않았기 때문일 것이다.

이 땅의 아버지들은 모두 자식 앞에서 당당하고 싶다. 그러나 가장 중요한 것은 즐거울 때나 힘들 때나 소통을 통해 삶과 인연의 소중함을 되새기는 것이다. 그때부터 나는 절망에서 벗어나기 위한 희망노트를 쓰기 시작했다. 희망노트를 통해 나 자신과 특히 내 아들들과의 소통을 꾀했다. 그리고 그 이후 내 삶은 확연히 달라졌다. 아버지로서의 정체성을 찾으며 나는 다시 일어섰고, 아이들도 밝게 자라 스스로의 삶을 개척해 나가고 있다.

역사의 소용돌이 한복판을 살아온 우리 세대 아버지들은 질기고도 강인하다. 그리고 언제나 반란을 꿈꾼다. 아버지의 자리를 앗아가려는 모든 것들로부터의 반란이다. 당당하게 일어서서 자녀들이 자신들만의 길을 잘 걸어갈 수 있도록, 혹시 넘어지더라도 다시 일어설 수 있도록 언제나 힘이 되어주어야 한다.

"신神은 일어서는 법을 가르쳐주기 위해 종종 나를 넘어뜨리곤

하신다."

"평온한 바다는 결코 유능한 뱃사람을 만들 수 없다."

때로는 격언 한두 마디가 큰 용기를 주는 법이다. 좌절의 긴 터널을 지나오면서 나는 내가 기댈 곳이 가족밖에 없다는 사실을 깨달았다. 가장의 멍에를 지고 인생 고개를 넘어가는 것만이 아버지의 모습은 아니다. 아버지도 가족이라는 울타리에서 쉬고 싶고 위로도 받고 싶다. 부모들은 자녀들과 소통하기 위해, 자녀들 또한 부모와 소통하기 위해 주파수를 맞추어야 한다. 그래야 든든하고 따뜻한 가정이라는 울타리가 만들어진다.

일밖에 몰랐던 나는 실직 이후 가정으로 돌아왔다. 돌아온 가정에는 위로가 있었다. 진정한 위로는 비가 올 때 우산을 받쳐주는 것뿐 아니라 함께 비를 맞으며 걸어가는 것인지도 모른다. 내가 손을 내밀었을 때 가족이 내게 그런 존재가 되어주었다.

그 경험을 바탕으로 나는 연구소를 차려 가정문제를 연구하기 시작했다. 지금 생각해 보니 그게 바로 부름calling이었다. 절망에서 벗어나기 위해 썼던 희망노트는 이제 감사노트로 변해 있다.

사람들이 묻는다. "뭐가 좋아서 그렇게 헤헤거리고 우스갯소리만 하냐?"고. 내가 항상 행복하기만 하다면 뭐 때문에 휘파람을 불고 콧노래를 부르겠는가? 내가 항상 즐겁기만 하다면 뭐 때문에 유머를 찾겠는가? 내가 항상 고요하고 평안하다면 뭐 때문에 기도를 하겠는가? 평안하지 못한 까닭에 평안을 달라고 신 앞에 무릎을 꿇는다. 내가 항상 즐거울 수 없음을 알기에 유머를 통해 그 즐거움을 놓치지 않고 싶다. 항상 행복할 수 없음을 알기에 콧노래 휘파람으로 그 행복을 붙잡아 두고 싶다. 아무리 힘든 세파가 몰아닥쳐도 나는 아들에게 이 말을 하려고 한다.

"하쿠나 마타타(걱정하지 마, 다 잘 될 거야)." -아프리카 스와힐리어

삼성경제연구소가 발표한 '2009년 국내 10대 트렌드' 보고서에

따르면 앞으로 경제적 어려움과 정신적 불안을 가족 간의 연대를 통해 완화하려는 '신가족주의 문화' 가 확산될 것이라고 예측했다.

나는 가족 간의 연대는 부모 자식 간의 진정한 역할을 찾는 것에서 비롯된다고 믿는다. 아버지의 존재감이 확고할수록 자식들은 세상의 두려움을 떨치고 성숙한 어른이 될 것이다. 따라서 아버지가 인생 수업을 게을리해서는 안 된다. 아버지의 지위고하나 재산 유무를 떠나, 아버지는 자식들에게 어떤 방식으로든 멘토가 되어야 한다.

좋은 부모는 자식에게 책 읽기를 권한다. 좋은 부모는 자식들에게 좋은 책을 선물한다. 좋은 부모는 좋은 책을 먼저 읽고 자식들에게 하고 싶은 말을 밑줄 그어 선물한다. 책을 통해 못 다한 말을 대신하는 것도 부모 자식 간의 소통의 방법이다. 나는 내 경험을 바탕으로 이 시대 아버지들에게 이러한 자녀와의 소통의 한 방법을 제안한다.

차 례

3. 도전에 대하여

4. 좌절에 대하여

5. 소통에 대하여

6. 행복에 대하여

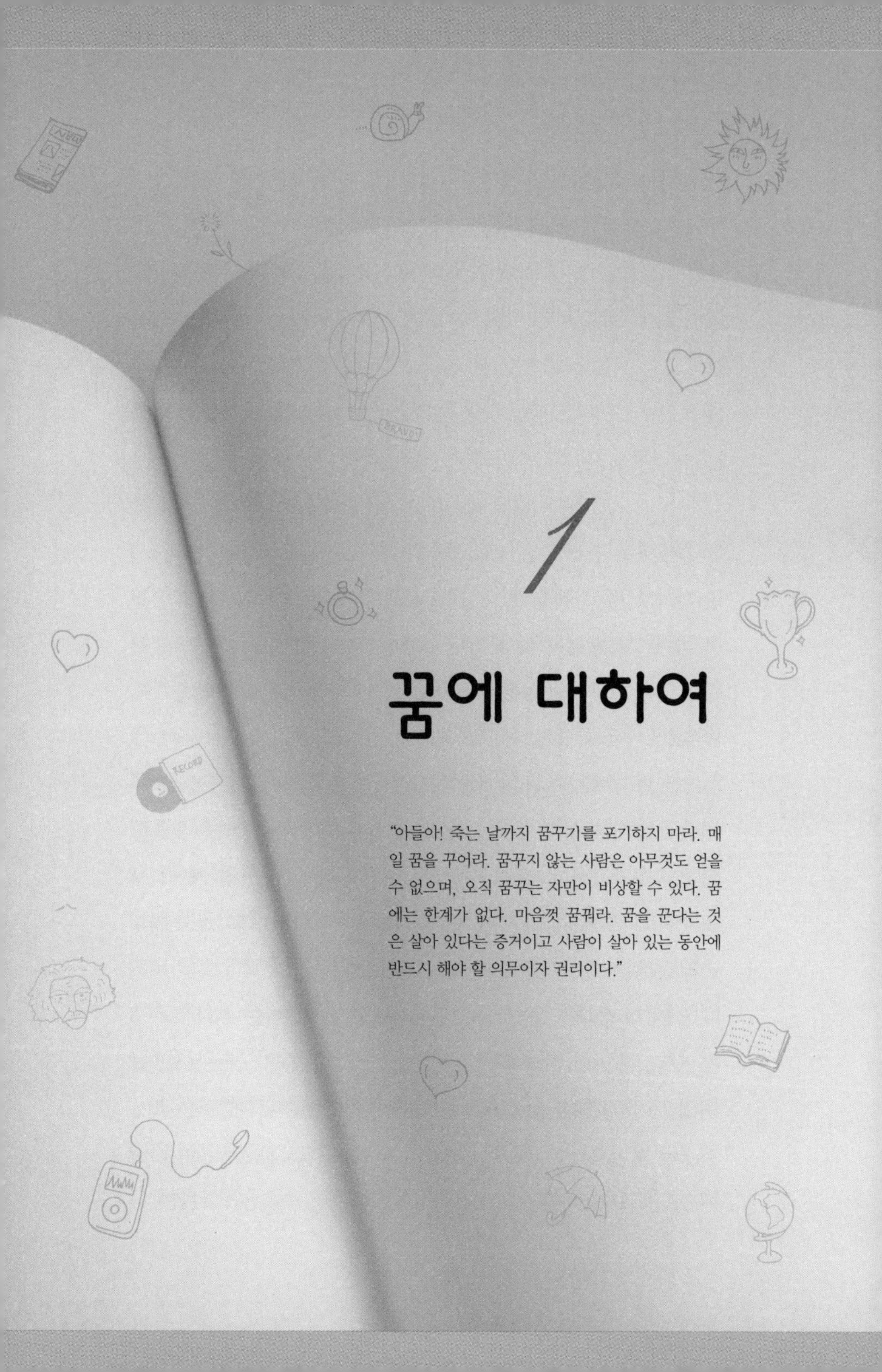

1

꿈에 대하여

"아들아! 죽는 날까지 꿈꾸기를 포기하지 마라. 매일 꿈을 꾸어라. 꿈꾸지 않는 사람은 아무것도 얻을 수 없으며, 오직 꿈꾸는 자만이 비상할 수 있다. 꿈에는 한계가 없다. 마음껏 꿈꿔라. 꿈을 꾼다는 것은 살아 있다는 증거이고 사람이 살아 있는 동안에 반드시 해야 할 의무이자 권리이다."

새우잠을 자되 고래 꿈을 꾸어라

내가 아는 한 사람은 깡촌 출신이다. 지지리도 못살아서 먹고사는 일에 신물 난 산골마을에서 성장했다. 그 마을에서는 대학 문턱을 밟아본 사람이 단 한 사람도 없었다. 그러다 보니 대기업의 간부사원 하나 만들어내지 못했다. 어느 날 이 사람이 결심을 했다.

'내가 마을의 한을 풀어보리라.'

그는 열심히 공부해서 비록 야간대학이긴 했지만 대학 졸업장을 거머쥐었다. 마을의 첫 대학 졸업생이 된 셈이다. 곧 대기업에 입사했고 동기들보다 더 많은 노력을 기울여 드디어 부장 자리에까지 올랐다. 그 얘기를 하면서 그는 울었다. 자신이 대견하고 자랑스러워 우는 게 아니었다. 탄식하며 울었다.

"내가 만약 대학 졸업이 아니라 유학을 꿈꾸었다면 유학을 마쳤을 테고, 내가 만약 대기업의 간부가 아니라 사장을 꿈꾸었다면 대기업은 아닐지라도 중소기업의 CEO 자리에 올랐을 텐데……."

그는 꿈이 작았던 것을 자책하며 울었다. 어차피 꾸는 꿈, 크게 꾸었으면 크게 이루었을 것이다. 누군가 그런 말을 한다. '꿈꾸는

데 돈이 드는 것도 아닌데 왜 큰 꿈 갖기를 주저하는지 모르겠다'고. 나는 젊은이들에게 늘 이렇게 말한다.

"새우잠을 자되 고래 꿈을 꾸어라."

내가 초등학교 3학년 때의 일이다. 아버지가 학교 선생님이어서 우리 가족은 학교 안의 관사에서 생활했다. 어느 날 학교 내에서 잔심부름하던 사환 아저씨와 여러 가지 이야기를 주고받았다. 그러다가 내가 당돌하게 물었다.

"초등학교 선생님은 월급을 얼마나 받아요?"

아저씨는 나를 빤히 쳐다보더니 입을 열었다.

"2만 원쯤 받는다."

나는 질문을 계속했고 아저씨는 답을 해줬다.

"그럼 중학교 선생님은 얼마나 받아요?"

"4만 원쯤 받겠지."

"고등학교 선생님은요?"

"아마 6만 원쯤 받겠지."

"대학교 교수는요?"

"10만 원쯤 받지 않겠니?"

아저씨의 이야기를 들어보니 초등학교 선생님은 시시해 보였다.

'나는 아버지처럼 초등학교 선생님을 할 게 아니라 대학교수나 총장을 해야지.'

어린 마음에 아버지 월급이 형편없이 적고, 적은 월급 때문에 가족들이 모두 고생하고 있다고 생각했다. 그래서 나는 월급 많이 받는 대학교수가 되어 가족들 고생시키지 말고 살아야겠다는 단순한 생각을 했다. 말이 씨가 되어서인지 내가 대학에서 강의하고 학생들을 지도하는 교수를 하였으니 꿈이 이루어진 셈이다. 간절하게 꿈꾸면 꿈은 이루어진다. 특히 꿈은 입으로 자꾸 말할수록 이루어질 확률이 높다.

어린 시절에는 누구나 하고 싶은 것도 많고 꿈도 많다. 내 둘째 아들은 내 영향 때문인지 목사가 되겠다고 했었다. 팬티 차림에 넥타이를 걸쳐 얼추 모양새를 갖추고는 성경과 찬송을 껴안은 채 소파에 올라가서 목소리를 높였다.

"예수님 잘 믿으면 천국 간대요. 예수 믿고 천국 가세요."

조금 나이가 들자 이번에는 글 쓰는 작가가 되겠다며 종이를 붙여서 책을 만들기도 했다. 다음에는 배트맨이 되겠다고 보자기를 목에 두르고 여기저기 기어올라 다녔다. 조금 더 커서는 축구선수가 되고 싶다며 비 오는 날에도 축구를 하자고 나를 졸라댔다. 부모는 자녀들이 새로운 꿈을 꿀 때마다 기대에 찬 격려를 보낸다.

그런데 아들이 사춘기에 접어들면서부터 '꿈 예찬'이 사라져버렸다. '철이 들어서 쉽게 자신의 꿈을 말하지 않는구나'라고 생각했다. 아버지로서 살아온 인생의 깊이만큼 아들의 꿈에 조언을 하고 갈채를 보내고 싶었지만, 아들의 입은 열리지 않았다. 참다 못한 내가 먼저 아들에게 물었다.

"앞으로 뭐가 되고 싶니?"

"몰라요."

방황하는 청춘의 내면은 항상 갈등하기 마련이다. 그 갈등은 기성세대와 충돌하며 반항하는 몸짓으로 나타난다. 나는 다시 점잖게 물었다.

“네가 잘하고 좋아하는 일이 뭐라고 생각하니?”

“몰라요.”

‘몰라요’만을 반복하는 아들을 바라보며 무척 안타까웠다. 나는 아들이 입을 열 때까지 기다리며 눈치 아닌 눈치를 봤다. 결국 아들은 심리학을 전공해서 다른 사람의 마음을 치료하는 사람이 되겠다는 꿈을 조심스럽게 내비쳤다. 아들이 자신의 꿈을 일곱 살 철부지 아이처럼 떠들기에는 이미 신중해 있었던 것이다. 한편으로는 세상에 대한 두려움도 있었을 것이다.

아버지의 존재는 자녀의 모든 일을 처리해 주는 슈퍼맨이 아니다. 그러나 자녀가 꿈꾸게 하기 위해서는 귀를 열어놓고 꿈 이야기를 들어줘야 한다. 나는 아들에게 이런 편지를 썼다.

“아들아! 죽는 날까지 꿈꾸기를 포기하지 마라. 매일 꿈을 꾸어라. 꿈꾸지 않는 사람은 아무것도 얻을 수 없으며, 오직 꿈꾸는 자만이 비상할 수 있다. 꿈에는 한계가 없다. 마음껏 꿈꿔라. 꿈을 꾼다는 것은 살아 있다는 증거이고 살아 있는 동안에 반드시 해야 할 의무이자 권리이다.”

청소년들은 비록 새우잠을 자더라도 고래 꿈을 꾸어야 한다. 그런데 안타깝게도 어린 나이에 꿈을 포기하는 청소년들이 많다. 자신이 원하는 꿈을 이루기에는 경제적 조건이 뒷받침되지 않는다고 여기기도 한다. 그러나 꿈은 모든 조건을 극복하고 성취하는 데 기쁨이 있다. 그것이 능력이다. 현실과 적당히 타협하거나 포기하는 것은 어리석다. 현실이 고달플수록 좌절하지 말고 원대한 꿈을 꾸어야 한다.

어릴 적 누구도 따라오지 못할 큰 꿈을 품었던 사람들이 나이가 들면서 현실과 타협하며 꿈을 포기해 버리는 경우가 많다. 청춘이 아름다운 것은 얼짱, 몸짱이어서가 아니다. '꿈짱' 이야말로 청춘의 한때를 가장 아름답게 보내게 한다.

세상을 바꾼 위대한 천재들은 대부분 죽는 날까지 꿈을 포기하지 않은 사람들이었다. 다른 사람의 비난과 질시 속에서도 자신이 꿈꾸는 한 가지를 위해 평생을 노력하며 포기하지 않았다.

나도 한때는 높은 꿈과 현실적인 능력의 차이 때문에 괴로워했었다. 내 꿈은 하늘에 닿을 만큼 높은데 현실의 나는 너무나 초라해 보였다. 나는 매일 눈을 감고 성장하는 내 모습을 그렸다. 그러

면서 꿈이 이루어질 것을 의심하지 않았다. 그러다가 어느 순간 깜짝 놀란 적이 있다. 꿈꾸었던 모습과 비슷하게 살고 있는 나를 발견한 것이다.

'No dream, No gain.'

절실하게 원하는 꿈은 반드시 이루어진다. 그런데 꿈에도 우선순위가 있다. 마음 안에 있는 가장 이루고 싶은 0순위의 꿈부터 잡아야 한다. 그러면 꿈꾸는 모든 것을 이뤄낼 수 있다. 아직 삶의 방향을 잡지 못하고 있다면 정말 중요한 0순위를 뒤로 제쳐놓았던 것은 아닐까? 만약 그렇다면 여러 가지 이유 때문에 뒤로 밀려나 있던 0순위를 끄집어내야 한다.

자기 삶의 주인공이 되어라

자신을 돌아보는 일이 얼마나 중요한지 알려주는 일화가 있다. 세계 3대 경영 지도자 중 한 사람인 대븐포트 교수에게 어느 기자가 물었다.

"혹시 돈 되는 사업 하나 귀띔해 줄 수 있나요?"

대단한 비즈니스 전략을 기대하며 귀를 쫑긋 세운 기자에게 돌아온 교수의 답은 싱거웠다. 그러나 아주 중요한 정보였다.

"공짜 점심은 없습니다만, 하나 말해 줄게요. 앞으로 '생각할 수 있는 공간' 비즈니스가 유망한 산업이 될 거예요. 대기업 CEO들이 원하는 최고의 휴가가 뭔지 아세요? 인터넷 접속이 되지 않고, 전화도 없는 곳에서 휴식을 취하는 거예요. 머릿속 배터리를 충전시키기 위해서죠. 마이크로소프트사의 빌 게이츠 역시 일 년에 한 번 이상은 인터넷과 통신이 두절된 곳에서 생각하는 시간을 가져요. 참 아이러닉하죠? 최근까지도 계속해 왔는데 '가족과 연락이 안 된다'는 부인의 반발로 요즘은 가지 않는다고 해요. 하지만 앞으로도 쉬러 도망가는 빌 게이츠 때문에 그를 찾으려는 해프닝이

잦을 겁니다. 유망 비즈니스란 바로 이런 것이지요."

인터넷도 되지 않고 전화도 없는 곳에서 빌 게이츠가 어떻게 자신을 충전했을까. 그는 바쁜 사업 일정 속에서 챙기지 못했던 자신의 삶을 돌아보고, 그동안 미뤄두었던 비즈니스 전략을 구상했을 것이다. 비록 짧은 시간이었겠지만, 그 고요한 시간에 소모된 에너지를 충전하고 세계를 깜짝 놀라게 할 아이디어를 생각해 냈을 것이다. 바로 이것이 빌 게이츠가 세계적인 사업가로 성장할 수 있었던 비결 중 하나라고 생각한다.

나도 한때는 수많은 일을 만들고 그것을 처리하느라 눈코 뜰 새 없이 바쁘게 보낸 적이 있다. 당시에는 그것이 능력인 줄 알았다. 그러나 시간이 지나고 보니, 뒤를 돌아보지 않고 앞으로 전진만 하는 것은 오히려 역효과만 불러온다는 사실을 깨달았다. 몸은 고달픈데 에너지가 충전되지 않으니 좋은 내용의 강의도 나오지 않았고 정신적으로 점차 피폐해지는 것을 느꼈다.

해보고 싶은 일이 많고 실제 할 일도 많은 젊은 시절에는 앞만 바라보고 달려가기 쉽다. 다른 사람보다 뒤처질까봐 걱정되기도 하고 제자리걸음하는 것이 잘 용납되지 않는다. 그래서 나는 한 가지 원칙을 세웠다. 그것은 하루에 단 몇 분이라도 나 자신과 대화할 시간을 갖는 것이다. 몇 분간은 아무것도 하지 않고 내 마음속 이야기에 귀를 기울인다. 처음에는 잡생각이 떠올라서 힘들지만, 차츰 익숙해지면 내면의 소리가 들려온다. 그러다 보면 정말 내 마음 깊은 곳에서 울리는 소리를 들을 수 있게 된다.

자신의 이야기에 귀 기울이지 않고, 자신을 이해하려고 하지 않는 사람은 성공하기 어렵다. 아침마다 거울을 보며 얼굴을 들여다 보고 옷매무새를 가다듬듯이 하루에 한 번이라도 자신의 마음을 들여다볼 수 있어야 한다.

바쁠 때일수록 중요한 일이 무엇인지를 생각하며 마음 챙기기를 게을리하지 말아야 한다. 아침부터 저녁까지 스케줄을 빽빽하게 짜놓고 바쁘게 지내다 보면 자신이 꽤나 쓸모 있는 인간이라는 생각이 들기도 한다. 자신의 판단보다는 다른 사람들의 시선을 중요하게 여기고 그들에게 인정받지 못할까봐 조급해 하며 사는 사람도 있다. 그러나 가만히 들여다보면 별로 중요하지도 않은 일을 처리하느라 바쁘게 쫓아다니거나 뭐가 정말 중요한 일인지도 모르는 경우가 많다.

자신을 돌아볼 줄 아는 사람만이 자기 인생의 주인공이 될 수 있다. 자기 성찰은 굉장히 큰 에너지가 되어 삶에 활력을 준다. 내가 운영하는 〈행복발전소 · 하이패밀리〉에서 진행된 세미나 도중, 한 참가자가 이런 고백을 했다.

"내 인생에 처음으로 주연이 되어 보았습니다. 앞으로는 꼭 주연으로 살 겁니다."

짧은 말이었지만 울림이 너무 커서 그 고백을 들은 사람들 모두가 깊은 감동을 받았다. 자신의 삶을 통제하지 못하고 다른 사람들과 상황에 이끌려 살아왔다는 것을 암시하면서 앞으로 자기 삶의 주인공으로 나서겠다는 결연한 의지가 엿보였다. 그 가슴 아픈 고백을 들으며 이런 생각을 했다.

'얼마나 많은 사람들이 자기 인생의 주연이 아닌, 조연으로 살

아갈까.'

내가 상담했던 사람들 중 많은 수가 자기 인생의 주인공으로 살지 못했음을 후회했다. 사회적으로 성공하지 못했고, 학교에서 공부를 잘하지 못했다는 이유로 스스로를 세상의 주인공이 아닌 조연으로 생각했다는 것이다. 언젠가 TV에서 영화 제작 과정을 지켜보며 이런 생각을 한 적이 있었다.

'주연의 스케줄에 따라 움직이는 영화 제작 과정에서 조연은 얼마나 소외감을 느낄까?'

조연은 자신이 나오는 몇 장면을 촬영하기 위해 하루 종일 대기해야 하고, 그나마 오랜 기다림 끝에 찾아온 촬영이 겨우 몇 마디로 끝나는 경우가 많다. 하지만 그런 생각은 순전히 나만의 오해일 뿐이라는 것을 깨달았다. 한 조연배우의 인터뷰를 보니 그는 조연이 갖는 서러움을 말하기보다는 조연배우로서 당찬 소신과 삶의 가치관을 밝혔다.

사람들에게 주목받는 주연이 아니라서 불행할 것이라는 생각, 주연이 되지 못한 자신의 재능을 한탄할 것이라는 내 생각은 부끄러운 편견이었다. 그 배우는 영화에서는 조연일지 모르지만 자신의 인생에서는 당당한 주연으로 살아가고 있었다.

비록 사회적인 시선으로 보았을 때는 성공이라는 타이틀을 얻지 못했더라도 자기 인생에서는 모두가 주인공이다. 우리 모두는 자신이 작성한 시나리오대로 영화를 만드는 작가이고 감독이며 주인공인 것이다. 그 안에는 실패도 있고 좌절도 있을 수 있다. 그러나 포기하지 않고 끊임없이 도전해서 완성된 작품을 만들어가야 한다.

이 땅의 아버지들은 자식들이 어떤 내용의 영화를 완성시킬지 자못 궁금하다. 곁눈질하며 훈수라도 한 수 두고 싶은 것이 모든 아버지들의 마음이다. 우리 아이들이 모두 인생의 주인공으로 당차게 살아가기를 간절히 바라고 있다.

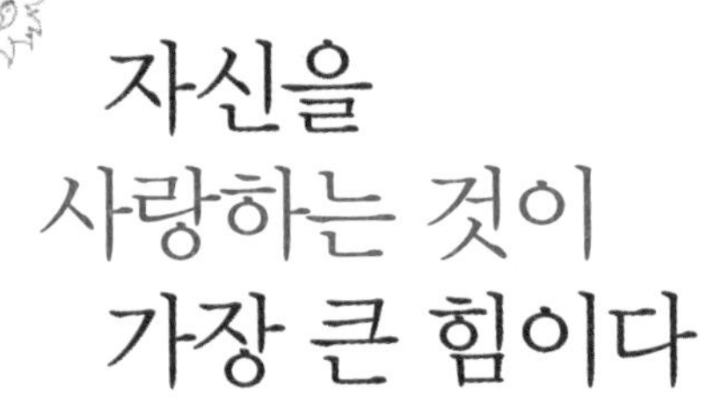

자신을 사랑하는 것이 가장 큰 힘이다

취업이나 입시에 실패하고 힘들어하는 자녀들의 모습을 보는 아버지는 마음이 아리다. 기대에 대한 실망 때문이 아니라 혹시 너무 좌절한 나머지 희망을 버리지나 않을까 하는 걱정 때문이다. 누구에게나 좌절은 있다. 그러나 그 좌절을 딛고 일어서는 자녀의 모습을 볼 때 부모는 가장 자랑스럽다.

청소년 시절에 대학입시는 가장 큰 도전이자 시련이다. 그 시련을 이겨내는 가장 큰 힘은 자기 자신에 대한 사랑이다. 자신에 대한 사랑이야말로 세상을 살아가는 데 가장 기본이 되는 인간의 의지다.

“내가 페널티킥을 성공한 것은 아무도 기억하지 않는다. 하지만 실축한 것은 언제까지나 기억한다.”

1994년 미국 월드컵 결승전에서 브라질을 상대로 승부차기에 나섰다가 실축해서 공공의 적으로까지 몰렸던 이탈리아 선수 로베르토 바조가 한 말이다. 사람들은 성공한 일에 대한 축하보다 실패한 일에 대한 비난과 저주에 더 열을 올리는 경향이 있다. 자기 자신에 대해서도 마찬가지다. 실패했다고 해서 자신을 비난하고 자책하며 상처를 입히는 것은 현명하지 못한 일이다. 다른 사람들로부터 받는 상처보다 자신이 헤집고 쑤시는 상처가 더 크고 깊다. 세상 사람들 모두가 손가락질해도 자기가 스스로를 배반하지는 말아야 한다.

'정말 바보 같아. 어떻게 그런 실수를 할 수 있지? 바보, 멍청이!'

자신을 비난하다 보면 점점 움츠러들고 세상에서 제일 능력 없는 초라한 사람이 되어버린다. 실축한 것보다 성공한 골이 더 많다는 사실을 기억하며 다시 도전해야 한다. 그것이 진정 자신을 사랑하는 방법이다.

"지금까지 잘해 왔잖아. 이번에는 못했지만 앞으로는 잘할 수 있을 거야."

스스로를 격려하면 용기가 생긴다. 용기는 도전의식을 불태우고 성공으로 향한 길을 비춘다.

정신과 의사인 스코트 펙은 직업군인 중에서 성공한 사람 열두 명을 뽑아 그들의 성공 비결이 무엇인지 조사했다. 모두 30대 후반에서 40대 초반의 남녀였는데 스코트 펙 박사가 이들에게 '인생에서 가장 중요하다고 여기는 것 세 가지'를 순서대로 적어보라고 했다. 열두 명 모두 첫 번째로 '자기 자신'을 적었다고 한다. 성공한 사람들은 그만큼 자기를 사랑하고 있으며, 성숙한 자기애를 인생의 가장 중요한 덕목으로 꼽고 있다.

자기 자신을 아끼고 사랑하는 사람은 스스로 치어맨이 되어 자

신을 격려할 줄 안다.

언젠가 아들과 국제통화를 하는데 전화기 너머에서 들려오는 목소리에 힘이 하나도 없었다. 의기소침한 기운이 이심전심으로 전달되었다. 외로움이 엄습하고 세상에 나처럼 재능 없는 사람이 있을까 하는 생각이 들었는지도 모른다. 바로 그럴 때가 자신을 테스트할 수 있는 절호의 기회이다. '나는 나를 이겨낼 수 있을까?' 남과의 경쟁이 아니라 자신과의 경쟁이 시작되는 것이다.

자기 내면과의 싸움에 친구나 가족의 격려는 큰 도움이 되지 않는다. 그럴 때는 스스로를 응원하는 치어맨이 되어야 한다. 우울한 기분을 바꾸고 슬럼프에 빠지지 않도록 자신을 파이팅하고 격려할 줄 알아야 한다. 다른 사람의 위로와 도움이 필요한 것이 아니라 스스로 딛고 일어설 시간과 용기가 필요한 것이다. 조엘 오스틴은 《잘되는 나》에서 아침에 눈을 뜨면 거울을 보며 자신을 격려하라고 말했다.

"너무 실망스럽고 억울해서 도저히 살맛이 나지 않는가? 그렇다고 그냥 주저앉을 셈인가? 툴툴 털고 다시 일어나야 한다. 아무도 격려해 줄 사람이 없다면 스스로 격려하면 된다. 아침에 눈을 뜨자마자 어깨를 쫙 펴고 거울을 보며 이렇게 말해 보라. '이대로 멈출 수 없어. 비록 넘어졌지만 주저앉을 수는 없지. 나는 패자가 아니라 승자니까.'"

나는 아들에게 자기를 격려하는 주문을 알려주었다.

"나는 행복한 사람이다."

"나는 긍정의 힘을 믿는다."

"나에게 실패는 있어도 포기는 없다."

"나는 할 수 있다."

의지를 북돋우는 격려의 말을 펩톡(peptalk)이라고 하는데, 성공한 사람들은 모두 스스로에게 던지는 펩톡의 대가들이었다. 자신에 대한 펩톡으로 유명한 사례는 토스트로 세계를 정복하겠다는 야심을 가진 석봉토스트의 김석봉 씨다. 그는 아침에 일어나자마자 "나는 기뻐, 나는 예뻐, 나는 바빠"를 외치며 스스로 용기를 불어넣는다고 한다. 바로 이 '3빼'는 자기경영 성공 사례로 꼽힌다.

나에게도 무척 힘들 때가 있었다. 내가 운영하는 〈행복발전소·하이패밀리〉에 기부금을 부탁하는 전화를 해야 하는데, 몇 번 거절을 당하고 나니까 전화할 자신이 생기지 않고 의기소침해졌다. 쥐구멍이 있으면 들어가고 싶을 정도로 얼굴이 화끈거리고 창피했다. 생각해 보니 전화하기 전부터 이미 나는 거절당할 것이라 예상하고 좌절해 있었던 것 같다. 그 상태에서 전화를 걸면 상대방에게 자신 없는 목소리가 전해질 것이고, 그러면 제대로 일을 성사시키기 어렵겠다는 생각이 들었다. 그래서 잠시 시간을 갖고 스스로를 격려했다.

'내 부탁은 나에게도 도움이 되지만 상대방을 위해서도 좋은 일이야. 나는 상대방이 납득할 만한 설명을 할 것이고, 반드시 승낙을 받아낼 것이다.'

그러자 거짓말처럼 두려운 마음이 사라졌고, 원하는 결과를 얻어낼 수 있었다. 요즘도 나는 일어나자마자 스스로를 격려하며 용기를 불어넣는 말을 한다.

"나는 오늘도 사람들의 영혼을 미소 짓게 할 것이다."

"나는 온 세상에 웃음 바이러스를 퍼뜨리며 살겠다."

"나는 예수 향기로 산다."

"나는 행복 디자이너의 사명을 잊지 않는다."

"남이 나에게 명령하기 전에 내가 나에게 명령하며 살겠다."

"나는 이 세상에 영향력 있는 흔적을 남기겠다."

자신에 대한 펩톡은 나를 나답게 하는 '성장의 동력'이 된다. 꿈꾸는 사람들은 매일 아침 자신을 성장시킬 수 있는 격려의 말로 하루를 시작한다는 것을 잊지 말자.

가슴에 세계를 품어라

언젠가 두 아들이 하는 이야기를 엿듣게 되었다. 수단 다르푸르 사태에 대해 이야기하고 있었다. 수단은 1956년 영국으로부터 독립한 이후 내전이 끊이지 않는 나라로, 수단 정부가 다르푸르 지역에서 여러 해 동안 인종청소를 벌여 악명이 높아졌다. 전 세계가 주목하고 있는 이 지역의 분쟁에 대해 우리는 관심 밖의 일로 취급하기 쉽다. 그 문제에 대해 심각하게 우려하며 토론하고 있던 아이들의 모습을 보고 내심 흐뭇했다.

어려운 여건에서도 아이들의 유학 결정을 지지한 데에는 보다 넓은 세상을 품에 안기를 바라는 마음이었다. 물론 이 땅에서도 우리가 염려하고 힘을 쏟아야 할 일들은 무궁무진하다. 그러나 우리는 그것과 더불어 지구촌의 일원으로 우리가 해야 할 몫에 대해서도 눈을 돌려야 한다.

모든 부모들은 자식을 키우면서 기대와 희망을 품는다. 그러나 그 기대가 자식에게 강요된 형태로 나타나서는 안 될 것이다. 나는 자식들에게 '무엇이 되어라' 하는 이야기는 하지 않는다. 스스로

판단할 때까지 기다려주고 필요할 때 상담을 해준다. 그 대신 각자 무슨 직업을 갖든 그들의 가슴에 세계를 품기를 바란다.

아프가니스탄의 굶주린 아이들이나 내전과 에이즈에 시달리는 아프리카 주민들에 대한 관심은 단순히 시사상식 문제를 풀기 위한 것이 아니다. 이스라엘과 팔레스타인의 접경지역인 가자지구에서는 어린 생명들이 무참히 죽어가고 있다. 그들에게 관심을 기울이는 것은 지구촌 이웃으로서 의무이며 세상을 보다 넓게 보는 일이다.

이케다 가요코가 엮은 《세계가 만일 100명의 마을이라면》 책을 인상 깊게 읽은 적이 있다.

"세계가 만일 100명의 마을이라면 그 100명 가운데 52명은 여자이고 48명은 남자입니다. 90명은 이성애자 10명은 동성애자입니다. 20명은 영양실조이고 1명은 굶어죽기 직전인데 15명은 비만입니다. 마을 사람들 중 1명이 대학 교육을 받고 2명이 컴퓨터를 가지고 있습니다. 하지만 14명은 글을 읽지 못해요."

조금만 눈을 열고 귀를 열면 세계는 넓고 할 일은 많다는 말이 진정 실감이 난다. 인터넷 시대, 유비쿼터스 환경은 국경을 이미 허물어버렸다. 그런데도 여전히 나만을 위해 살고 나만의 미래에만 집착한다면 우린 우물 안의 개구리가 되고 말 것이다. 전 세계에서 벌어지는 상황이 실시간으로 안방에 전송되는 시대이다. 이런 시대에도 눈 감고 귀를 닫으면, 우리는 여전히 우물 안에 살 수밖에 없다. 눈을 크게 뜨고 우물 밖 세상에 관심을 가져야 한다.

축구선수가 꿈인 사람은 '국가대표' 만을 꿈꿀 것이 아니라, 박지

성 선수처럼 세계 최고의 리그에서 뛰겠다는 꿈을 꿔야 한다. 자신의 라이벌을 옆에 있는 친구로 잡을 것이 아니라, 지금 이 시간에 지구촌 어딘가에서 달리고 있을 세계의 상대들로 잡아야 한다. 이웃의 고통을 염려하고 도움의 손길을 나누고자 할 때에도 바로 옆에 있는 이웃뿐 아니라 멀리 지구 반대편에 있는 힘없는 이들도 함께 생각해야 한다. 젊은이들은 세계를 자신의 품 안에 안아야 한다. 큰 가슴으로 넓은 세상을 품을 수 있는 우주적 정신의 소유자가 되어야 할 것이다.

가슴으로 세계를 품고 사는 사람은 하루하루를 가슴 설레게 산다. 하루의 삶이 설레지 않으면 넓은 세상을 포용하기 어렵다. 이것이 자기계발을 위한 실천론이다. 나이가 들어 자신의 삶을 돌이켜봤을 때 가슴 설레던 청춘의 한때가 단지 이성과 데이트 할 때뿐이었다면 분명 후회스러울 것이다.

인터넷을 검색하다 보니 '가슴 뛰는 삶을 살 수 있는 77가지 비결'이란 글이 보였다. 그 가운데는 이미 잘 실천하고 있는 것들과 실천해 보고 싶은 것들이 있다. 내가 이미 실천하여 재미를 본 것들은 이것이다.

1. 침대 곁의 탁자에 항상 메모 수첩과 연필을 놓아두어라. 100만 달러짜리 아이디어는 가끔 새벽 3시에 떠오르는 수가 있으니까.
2. 집에 들어왔을 때는 지갑과 자동차 키를 항상 같은 곳에 두도록 하라.
3. 피곤해 보인다거나 기운이 없어 보인다거나 하는 말을 하지 마라.

4. 자녀들의 마음속에 좋은 이미지가 형성되도록 열심히 일을 하여라. 그것이야말로 자녀들의 성공을 위해서 당신이 할 수 있는 가장 중요한 일이다.
5. 참석 여부를 묻는 초청장에는 즉시 회답을 보내라. 전화번호가 있으면 전화로 하고, 없으면 서신으로 답변을 하여라.
6. 약속시간을 잘 지키고 상대방에게도 약속시간을 잘 지킬 것을 요구하여라.
7. 많이 웃어라. 훌륭한 유머 감각은 인생사의 많은 질병을 잘 치료해 주기 때문이다.
8. 30분씩 일찍 일어나도록 하여라. 1년만 해보아라. 그러면 일곱 날하고 반이나 깨어 있는 시간을 벌 수 있을 것이다.
9. 시계를 5분 정도 빠르게 맞춰 두어라.
10. 사이다라도 한 병 사서 구멍가게를 도와주어라.

가슴 뛰는 삶을 살기 위해서는 자극적인 사건이 일어나야 하고, 매일 놀라운 이벤트가 있어야 한다고 생각하기 쉽다. 그런 일들은 잠시의 즐거움을 줄 수는 있지만 지속적인 행복을 선사하지 못한다. 실제 가슴 뛰는 삶을 살기 위해 실천해야 할 일을 살펴보면, 의외로 일상적이고 소박하다는 것을 알 수 있다. 이렇게 하루하루를 가슴 뛰는 순간으로 채우고 그 에너지와 열정으로 더 넓은 세상을 향해 나아가도록 하라.

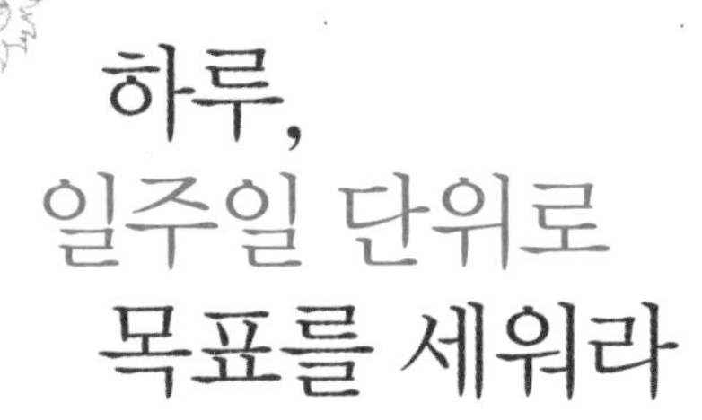

하루,
일주일 단위로
목표를 세워라

가끔 신문에 판매왕들의 기사가 실린다. 자동차를 이틀에 한 대 꼴로 파는 영업사원, 연봉이 대기업 CEO를 능가하는 보험세일즈맨 등의 기사를 보면 공통된 이유가 있다. 이들은 목표 설정을 잘한다는 것이다. 일 년 목표를 세운 다음에 매달, 매주, 매일 목표량을 설정해 수시로 점검한다.

인생이라는 항해에서도 목표를 세우는 것은 정말 중요하다. 목표는 인생의 방향을 잡아주는 나침판과 같아서 목표를 세워놓으면 간절한 소망으로 이어지고 방향을 잃지 않는다. 목표를 세울 때는 몇 가지 기억해 둬야 할 것이 있다.

무엇을 계획하든 삶의 목표는 'SMART' 기준을 충족시켜야 한다는 것이 허버트 램퍼새드의 주장이다.

1. Specific(구체적일 것)

행동에 영향을 줄 수 있도록 구체적으로 설계되어야 한다.

2. Measurable(측정 가능할 것)

목표를 측정할 수 있도록 설계되어야 한다.

3. Achievable(성취 가능할 것)

현실적이고 실행 가능하고 받아들일 수 있어야 한다.

4. Result-oriented(결과 지향적일 것)

구체적 성과와 관련되어야 한다.

5. Time-specific(시간 한정적일 것)

시간제한이 있어야 한다.

목표는 구체적으로 세워야 한다. 내 경험에 의하면 구체적이지 않은 목표는 성취하기 어렵다. 살을 빼겠다고 작정한 사람이 '몸무게를 줄이겠다' 는 막연한 목표를 세워서는 절대로 성공할 수 없다.

'5kg을 줄인다. 매달 1kg씩 줄여 나간다. 금년 내에 끝낸다. 이를 위해 식사량을 절반으로 줄인다. 매일 한 시간씩 속보를 한다. 9시 이후에는 어떤 음식도 입에 대지 않는다. 이를 어길 경우 나는 ○○한다.'

이렇게 구체적인 목표와 세부적인 행동 강령을 세워야 성공 가능성이 높다. 더불어 성취한 결과에 대한 보상 계획까지 세우면 가능성은 더욱 높아진다. 모든 학생이 '앞으로 공부를 열심히 하겠다' 는 목표를 세우지만, 그렇게 막연한 계획을 세워서는 절대로 공부를 잘할 수 없다. 공부를 잘하고 싶다면 '반에서 3등 안에는 들겠다. 1학기 안에 끝낸다. 이를 위해 하루에 공부하는 시간을 2시간 늘리고, 자는 시간을 1시간 줄인다. 학교 수업 시간에 충실하고 하루에 30분간 예습과 복습을 하는 습관을 들인다' 처럼 구체적인 목

표와 행동 지침을 정해야 성공할 확률이 높다.

그리고 목표를 세울 때는 실현이 가능하도록 세워야 한다. 꿈은 클수록 좋지만 목표는 현실적이어야 한다. 욕심을 부려 목표를 지나치게 높게 세우면 시작할 엄두가 나지 않거나 중간에 포기해 버리기 쉽다. 작은 목표를 세워서 하나하나 실천하면서 성취감을 느끼며 더욱 큰 목표를 향해 나아가는 것이 중요하다.

목표를 성취한 다음에는 그만큼 노력한 자신을 위해 충분히 보상해 주어야 한다. 나는 이것을 'SMART+1의 법칙'이라고 부른다. 목표를 이룬 후 평소에 보고 싶었던 영화를 보거나 갖고 싶었던 것을 사서 스스로에게 이야기를 건네는 것이다.

'그동안 힘들었지? 힘든 과정을 참고 견뎌온 내가 자랑스럽다. 수고한 나를 위해 작은 선물을 준비했으니까 충분히 즐기자. 지금까지 잘 해온 것처럼 앞으로도 잘할 것이다.'

목표를 성취하느라 고생했던 자신에게 칭찬과 보상을 해주면, 다음 번 목표를 향해 나아갈 수 있는 힘이 생긴다.

나는 그동안 'SMART+1'에 따라 목표를 세우고 실천해 왔다. 막연하게 '가족을 사랑하자'라는 슬로건을 써놓지 않았다. '하루에 한 번은 반드시 가족을 포옹하고, 일주일에 한 번은 가족과 함께 외식을 하고, 한 달에 한 번은 가족을 위해 문화 행사를 즐긴다'라는 구체적인 목표를 설정했다. 그리고 목표를 성실하게 실천한 다음에는 음반을 사서 듣거나 멋진 넥타이를 선물했다. 실패한 적도 있지만 대부분 성공적이었고 만족스러웠다. 누구나 나름대로 목표를 정해 실천해 왔겠지만, 막연한 목표는 세우지 않은 것과 마찬가지라는 사실을 명심해야 한다.

나는 매년 새해가 되면 목표를 세우고 그것을 적어 밀봉해 두었다가 그 해 마지막 날에 꺼내 본다. 무엇을 실천하고 실천하지 못했는지 체크하다 보면 희비가 엇갈린다. 어떤 해에는 꽤나 많은 항목을 달성해서 뿌듯하게 한 해를 마무리하지만, 어떤 해에는 반타작도 못해 실망하기도 한다. 때로는 자랑스럽고, 때로는 실망하지만, 그러면서 성장해 가는 자신을 발견할 수 있다.

그러한 과정을 통해 깨달은 또 한 가지는 매년 새해에 다짐하는 내용이 바로 나라는 사실이다. '그 사람의 생각이 바로 그 사람이다' 라는 말이 있다. 항상 내가 생각하는 내용을 다짐하게 되고, 그 다짐한 내용이 행동으로 나타나 내가 되기 때문이다. 새해의 다짐은 나와의 약속이자 도전이다. 그 도전을 기꺼이 받아들이면 완승은 못해도 완패 당하는 일은 없을 것이다. 그 다짐들은 거창한 것만 있는 것이 아니다. 올해 나는 이런 다짐을 했다.

1. 거울 공주가 되고 거울 왕자가 된다

인상이 바뀌면 인생이 바뀐다. 자주 거울을 들여다보고 표정을 연습한다. 입 꼬리를 2mm만 살짝 들어 올린다.

2. 온힘을 다 해 달리고 또 달린다

아프리카의 영양은 살아남기 위해, 사자는 굶어 죽지 않기 위해 뛴다. 불행이 잠에서 깨어나 나를 따라오기 5분 먼저 일어나 뛴다.

3. 가족들에게 행복의 풍향계가 된다

백 마디 말보다 더 소중한 것이 단 한 번의 포옹이다. 8초의 투자로 사랑의 기적을 만든다.

4. 독서로 지혜의 곳간을 채운다

독서는 성장의 동력이다. 나의 잠재가치를 높이기 위해 하루 30분 이상, 일 년에 50권 이상의 책과 씨름한다.

5. 소통의 삶으로 통하는 사람이 된다

'발신모드'에서 '수신모드'로 전환한다. 다른 이들의 말에 더 많이 귀를 기울이고 그들의 의견을 존중한다. 1분 동안 말하고 2분간 듣는다. 그리고 세 번은 고개를 끄덕여준다.

6. 꿈을 꾸는 시간을 따로 갖는다

'꿈에는 한계가 없다. 마음껏 꿈꿔라.' 단 5분이라도 꿈꾸는 시간을 갖는다. 되고 싶은 나를 그려보며 이미지 트레이닝을 한다.

7. 스트레스를 스트레스 받게 한다

하루에 세 번은 깔깔대고 웃는다. 웃음을 통해 어려움을 이겨낸다. 세상의 바보들에게 화 내지 않고 꾸짖는 법을 터득해 산다.

8. 화는 바로 바로 푼다

몸을 자학하면 일만 가지 보약이 소용없다. 잠들기 전에 모든 것을 털어버리고 잠든다.

9. 새 노래를 배우고 요리하는 법을 익힌다

한 가지 악기를 배운다. 노래를 못할 때면 목욕탕에서 혼자 콧노래라도 부른다. 요리를 못할 때면 맛있는 것을 사먹기라도 한다.

10. 마음의 정원을 가꾸는 정원사가 된다

짬을 내 연극을 관람하고 봄이 되면 화초를 가꾼다. 가끔은 낙조를 보고 해 뜨는 것을 보기 위해 먼 거리도 마다않고 달려간다.

11. 스트레칭으로 몸의 엔진에 급유를 한다

마음의 긴장을 풀고 허리를 편다. 아랫배에 힘을 주고 등을 곧게 세운다. 팔 다리를 뻗어 근육을 푼다.

12. 좋은 친구를 사귄다

최소한 세 사람 이상에게 칭찬을 한다. 사소한 일에라도 고마움을 표시하고 상대방의 잠꼬대까지도 새겨듣는다.

올해 마지막에 우리의 모습은 어떻게 변해 있을까. 구체적인 목표나 계획이 없이 하루하루를 산다면 발전하는 자신의 모습은 기대하기 어려울 것이다.

겉과 속이 같은 모과 같은 사람이 되어라

대부분의 과일들은 겉과 속이 다른 색깔이다. 초록과 검은 줄무늬의 껍질과 달리 안은 빨간 게 수박이다. 사과도 마찬가지다. 안은 하얀데 겉은 푸르기도 하고 빨갛기도 하다. 이렇듯 대부분의 과일은 속과 겉이 다르지만 모과는 겉과 속살이 모두 노랗다. 갑자기 모과 이야기를 꺼낸 것은 며칠 전에 내가 받은 편지 때문이다.

미국에 사는 친구에게서 온 편지인데 자식에 대한 깊은 번민을 드러내는 내용이었다. 그 편지의 내용 중에는 "그 아이는 완전히 바나나야!" 하는 말이 있었다. 겉모습은 한국인이지만 생각은 서양적 사고를 하는 자기 자식에 대해 안타까움을 드러내면서 한 말이었다. 자라나는 환경의 차이 때문에 고민하는 편지였지만, 나는 문득 세상에는 겉과 속이 다른 바나나 같은 사람들이 많다는 생각을 하게 되었다. 겉으로는 다른 사람을 위하는 척하지만 실은 뒤에서 비난하고 흉을 보면서 사는 사람들이 있다. 그뿐만이 아니다. 앞에서는 굽실거리면서 뒤에서는 거만하게 빳빳하게 고개를 치켜들기도 한다.

나중에 그 사람의 행동과 실제 마음이 다르다는 것을 알게 되었을 때의 배신감은 상상하고도 남을 일이다. 나도 겉과 속이 다른 사람을 만나보았는데, 노력에도 불구하고 깊은 신뢰감이 생기지 않았다. 자기 편의에 따라 말을 바꾸고 모습을 바꾸어 대처하다 보니, 일시적으로는 위기 상황에서 처세를 잘하는 사람처럼 보인다. 그러나 시간이 지날수록 그 사람의 모습에 실망하게 되고, 오래 만날 사람이 아니라는 판단을 하게 된다.

항상 겉과 속이 같은 사람이 되려고 노력하지만, 남에게 보이고 싶은 모습과 평소의 진짜 모습을 같게 한다는 것은 굉장히 어려운 일이다. 진정성을 갖고 사람들을 대해야 하며 스스로 자신감이 있어야 가능하다. 겉과 속이 다른 사람들은 자신감이 없으니까 계속 카멜레온처럼 다른 모습으로 변신하면서 사람들의 비위를 맞추는 것이다. 자신감이 있는 사람은 언제, 어디서, 누구를 만나든 상관

없이 자신을 솔직하게 드러낼 수 있으며 당당하다.

우리 모두 모과의 모습을 닮아보는 것은 어떨까? 누군가에 대해서 이야기할 때 "그 사람 영락없는 모과야!"라는 말이 칭찬이 될 수 있을 것이다. 모과처럼 울퉁불퉁 못생긴 외모를 평가하는 말이 아니라, 그 사람의 진실성을 평가하는 말이 될 것이다. 실제 모과의 향은 머리를 맑게 하고 공기의 정화작용까지 한다. 모과차는 목의 기운을 북돋아준다. 나는 우리 아이들이 어디를 가나 친구들과 주변 사람들로부터 이런 평가를 듣기를 바란다.

"그 사람 모과야."

민들레는 어디서든 당당하게 꽃을 피운다

청명한 어느 봄날, 나는 도시의 뒷골목을 걸어가고 있었다. 회색빛 시멘트 담장 사이에서 삐죽하게 고개를 내민 노란꽃이 눈에 띄었다. 흙 한 줌 발견하기 힘든 잿빛 시멘트 담장에서 화사하게 얼굴을 내민 민들레였다. 풀 한 포기 자라지 않을 것 같은 그런 환경에서 생명을 피워냈다는 것이 마냥 신기하기만 했다.

사람들의 눈길을 단번에 사로잡는 화려함은 없지만 장소를 가리지 않고 강인하게 피어나는 민들레가 아름답게 보였다. 자신의 몸을 낮추어서 대지의 가장 낮은 곳에서 생명의 메시지를 전하는 그 꽃이 사람들에게 의미하는 바가 많을 것이다. 그렇다면 민들레 꽃말은 무엇일까.

민들레에 관한 동화가 있다. 노아 홍수 때 방주에 초대받지 못한 사람과 짐승 그리고 식물들은 비가 내리기 시작하자 혼비백산이 되었다. 집과 산속으로 숨었던 사람과 짐승들은 물이 차오르자 산 위로 달아나기 시작했다. 문제는 식물들이었다. 도망치려고 해도 도망칠 수 없는 운명이었다. 그 가운데 민들레의 고통은 더했다.

몸집도 작아 장대비를 온 몸에 멍이 들도록 맞고 숨이 막히는데도 발(뿌리)이 땅에 달라붙어 옴짝달싹할 수 없었다. 민들레는 서럽게 울면서 기도했다.

"비록 장미처럼 아름답지 못하고 백합처럼 향기도 없지만 한 번만 살려주시면 사람들에게 꿈을 전하겠습니다."

민들레의 애절한 기도를 하나님도 외면할 수 없었든지 세찬 바람을 보냈다. 바람에 실려 멀리 날아간 민들레 씨는 노아의 방주에 살짝 내려앉았다. 홍수가 멈춘 후 어느 봄날, 민들레는 방주 지붕 위에다 노란 싹을 틔어냈다.

민들레의 꽃말은 '감사하는 마음'이다. 거친 자연과의 싸움에서 모진 생명을 뿌리내릴 수 있는 생의 의지에 대한 겸손의 비유일 것이다. 인간이 구사하는 언어는 다양한 수사법을 동원한다. 사물의 의인화를 통해 만들어진 민들레의 꽃말은 결국 사람이 닮고 싶은 또 다른 모습이다.

민들레는 바람에 날려 먼 거리를 비행하고 어떤 척박한 조건에서도 뿌리내리는 식물이다. 다른 식물이 갖지 못한 이 놀라운 특성은 절망 속에서 피워낸 생존의 법칙이다. 그 가벼운 홀씨의 존재가 인생의 먼 길을 가는 나그네에게 실존의 무게로 다가온다.

우리는 누구나 낯선 환경에 적응하면서 살아야 한다. 보잘것없는 들풀 한 포기에서 삶의 깊이를 보고 생명의 강인함을 느낄 수 있는 것처럼 우리 아이들도 어디에서든 생명을 피워낼 수 있다는 도도한 자신감을 갖길 바란다. 내가 그런 자신감을 안고 살아간다면 내 자식들도 그렇게 될 것이다. 인생의 청춘기가 화려해도 그

빛을 끝까지 안고 나가기 위해서는 많은 인내와 열정이 필요하다. 지금은 비록 춥고 힘든 겨울을 보내고 있더라도 인내하고 노력하면 희망을 품으며 피어나는 민들레꽃처럼 당당하게 꽃을 피울 것이다.

세상을 투명하게 살아라

큰아들이 고등학교 일학년 때로 기억한다. 우리 가족은 저녁 식사를 위해 한 식당에 들어갔다. 그런데 아들이 식당 입구에서 주변을 두리번거리더니 나를 쳐다보았다. 나에게 할 말이 있다며 제 엄마는 먼저 들어가라는 눈치였다.

"아빠, 저 드릴 말씀이 있는데요."

"그래 여기서 이야기할래? 무슨 얘긴데?"

아들의 얼굴 표정이 자못 진지했다.

"아빠! 저를 용서하실 수 있겠어요?"

"무엇이든 용서 못할 게 없지!"

갑작스러운 물음에 대범하게 대답했지만 무슨 사고를 쳤나 내심 걱정스러웠다.

"아빠! 저, 음란 사이트에 세 번 들어가 봤어요."

아들의 고백은 청소년기 남자아이들이 한 번쯤 빠져드는 고민이었다. 오랜 망설임 끝에 심각하게 고백하는 모습이 역력했다. 성적 호기심이 큰 청소년 시절에 흔히 있는 문제이므로 나는 대수롭지 않게 생각했다. 아들의 관심을 다른 곳으로 돌리면서 죄책감을 덜어줄까 생각하는데, 적당한 답이 떠오르지 않았다. 사실, 아들의 고백을 들으며 내 속으로는 뜨끔했다. 아들은 세 번 봤다고 했지만 나는 그 이상 보았을 것이다. 그런 고백을 솔직하게 할 수 있는 아들이 대견스러웠다.

"솔직하게 이야기해줘서 고맙다. 아빠는 너보다 더 많이 봤지만 이야기하지 못했구나. 우리 사나이 대 사나이로서 서로 이해하고 용서하자. 앞으로 안 보면 될 거 아냐."

이렇게 말했다면 아들이 나를 멋지고 화끈한 아빠로 기억했을 것이다. 그러나 그때 내가 솔직하지 못했기에 아쉬움이 남아 있다. 나는 내 자존심과 체면을 차리느라 훈계조로 한마디 내뱉고 말았다.

"이제 그것으로 끝내라."

아들은 용기를 내서 솔직하게 이야기했는데, 나는 당황한 나머지 내가 원치 않는 답이 튀어나왔다. 평소에 무엇이든 솔직하게 이야기하라고 해놓고 정작 나는 아들에게 솔직하지 못한 것이 부끄러웠다. 생각해 보면 나 역시 고등학교 시절에는 일탈의 즐거움을 맛보느라 하지 말라는 짓을 하기도 했다. 아버지 몰래 친구들과 술집에도 가보고, 친구를 위한다는 명목으로 집단폭력에 가담한 적도 있었다. 아버지에게 들키지 않으면 그만이었다. 아버지에게 솔직하게 털어놓을 용기도 없었고 그럴 필요도 없었다.

그런데 그날 창피함을 무릅쓰고 솔직하게 고백한 아들을 보면서 나는 세상살이에 대해 한 수 배운 느낌이었다. 뿌듯하면서도 한편으로는 나 자신이 초라해 보였다. 가부장적 권위에 의해 부모 자식

간의 기강이 유지되던 시대에는 아버지가 아들을 지도하고, 아들은 아버지를 스승으로 여기며 따라야 했다. 그러나 지금은 그렇지 않다. 아버지는 아들에게서도 배울 것이 많다.

그날 나는 아들에게서 '용기도 힘'이라는 사실을 배웠다. 용기는 진실을 말할 수 있게 하고 진실은 인생을 살아가는 데 힘이 되는 법이다. 부모는 아이들에게 당연히 '거짓말하지 말라'는 진리를 가르쳐준다. 그런데 세상에는 아이들보다 어른들의 거짓말이 더 많고 심각하다. 거짓말이 많은 사회일수록 거짓말하지 말라는 가르침의 강도가 높다.

세 살 버릇 여든 간다고, 어릴 적 부모로부터 받은 감화가 자식에게는 두고 두고 교육적 효과를 일으킬 것이다. 나는 아이들에게 거짓말하지 말라는 위압적 가르침보다 '우리 모두 투명하게 살자'고 말한다. 시간에 투명하고, 장소에 투명하고, 생각에 투명하자는 것이다. 가족에게 자신이 언제 어디에 있는지를 항상 알려서 시간과 장소에 투명한 것은 물론이고, 평소에 어떤 생각을 하고 있는지 알게 함으로써 생각에 투명해야 한다고 말한다. 말은 그렇게 하지만 사실 생각에 투명하기가 쉬운 일은 아니다. 스스로 투명하게 하기 위한 노력은 결국 인격함양이라는 자기계발의 단계인 것이다.

부모 자식 간에는
사랑하기에 다하지 못한 말이 있습니다.
당신의 마음을 보여주세요.

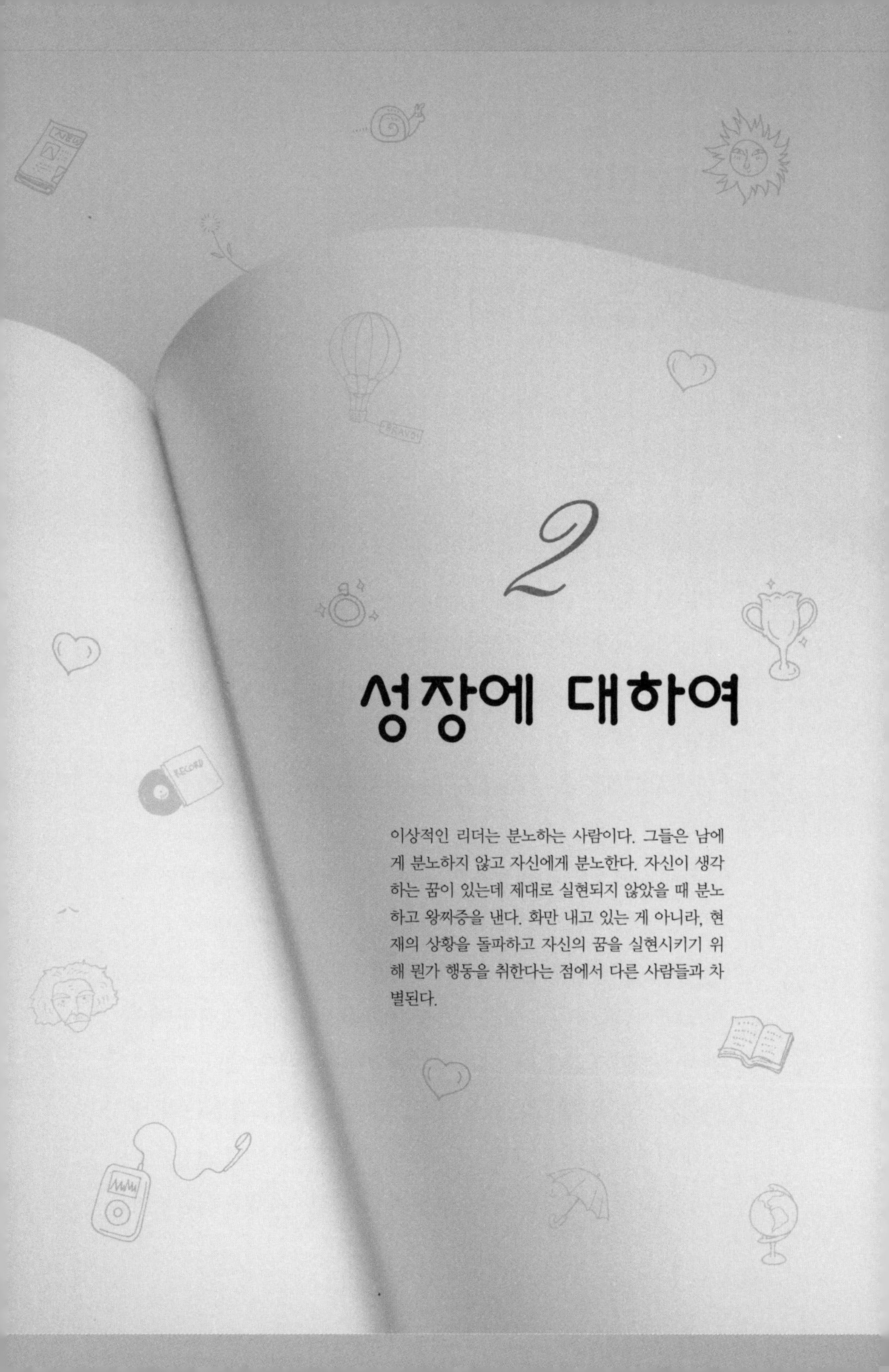

2

성장에 대하여

이상적인 리더는 분노하는 사람이다. 그들은 남에게 분노하지 않고 자신에게 분노한다. 자신이 생각하는 꿈이 있는데 제대로 실현되지 않았을 때 분노하고 왕짜증을 낸다. 화만 내고 있는 게 아니라, 현재의 상황을 돌파하고 자신의 꿈을 실현시키기 위해 뭔가 행동을 취한다는 점에서 다른 사람들과 차별된다.

발전하지 않는 현재에 짜증을 내라

한창 사춘기를 보낼 때, 작은 일에도 쉽게 짜증을 내는 아들을 타일렀던 적이 있다. 혈기 왕성한 그 나이에 꼼짝없이 앉아서 공부에만 집중해야 한다는 사실이 힘들었을 테지만, 짜증이 혹시 습관이 되면 어쩌나 걱정이 됐었다. 그런데 지금은 이렇게 이야기하고 싶다.

"아들아, 짜증을 내라. 네가 원하는 일을 하고 싶으면 짜증을 많이 내라."

우리 시대의 가장 영향력 있는 비즈니스 사상가 중 한 명인 톰 피터스는《미래를 경영하라》에서 이런 말을 했다.

"20년 동안 GE를 멋지게 이끈 잭 웰치와 애플의 스티브 잡스는 분노한 사람들이다. 그들은 더 좋은 세상을 꿈꾸지만 그 꿈이 계속해서 실현되지 않을 때 화를 (대개는 자기 자신에게) 낸다. 그들은 현재의 상태에 대해 왕짜증을 낸다. 서쪽에서 떠오르지 않는 해 때문에 단단히 화가 난 그들은 당장 뭔가 행동을 취하기로 결심한다. …… 화나지 않은 사람을 리더로 삼지 마라. 화나지 않은 사람을 아

예 고용하지도 마라. 당신의 눈을 보고 다음과 같이 말하는 사람이 이상적인 리더 후보다. '이렇게 엉망인 곳은 세상 어디에도 없을 겁니다. 하지만 좋은 방향으로 바꿀 기회가 주어지면 기꺼이 책임을 떠맡겠습니다.' 그러나 이렇게 말할 수 있는 사람은 그리 많지 않다."

이상적인 리더는 분노하는 사람이다. 다만 그들은 남에게 분노하지 않고 자신에게 분노한다. 자신이 생각하는 꿈이 있는데 제대로 실현되지 않았을 때 분노하고 왕짜증을 낸다. 화만 내고 있는 게 아니라, 현재의 상황을 돌파하고 자신의 꿈을 실현시키기 위해 뭔가 행동을 취한다는 점에서 다른 사람들과 차별된다.

자신에게 분노한 스티브 잡스는 어릴 때 문제아였고, 대학도 힘들게 들어갔으나 6개월 만에 자퇴했다. 자신의 머릿속에 떠오르는 아이디어를 당장 실현시키기 위해서였다. 결국 그는 최초의 개인용 컴퓨터인 애플을 개발하였고, 픽사를 통해 최초의 3D 장편 애니메이션 〈토이 스토리〉를 만들었다. 또한 보기만 해도 갖고 싶어지는 속이 투명한 아이맥을 개발하여 세상을 깜짝 놀라게 했다. 아이팟, 아이폰과 같은 혁신적인 제품들을 세상에 내놓아 대대적인 열풍을 몰고 오기도 했다.

처음에는 낡은 차고에서 두 명으로 시작했지만 10년 후 4,000명의 종업원을 거느린 200억 달러 기업의 CEO가 됐다. 〈비즈니스 위크〉지에서 가장 닮고 싶은 CEO로 꼽힌 성공 아이콘, 췌장암의 고통을 이겨낸 불사조, 창조의 화신 등 그에게 쏟아진 찬사는 끝이 없다. 하지만 사람들이 그에게 환호하는 진짜 이유는 그의 성공신

화나 부와 명예 때문이 아니다. 스티브 잡스는 이런 말을 했다.

"아직 찾지 못했거나 잘 모르겠다는 생각이 들 때에도 주저하지 말고 포기하지 마세요. 진심을 다하면 반드시 찾을 수 있습니다."

이 말에 스티브 잡스의 삶의 철학이 고스란히 담겨 있다. 그는 어떤 어려운 순간에도 주저하거나 포기하지 않고, 자신에게 분노

하며 꿈을 실현하기 위해 노력했다. 혁신이란 주위의 어리석음을 참지 못해 짜증이 머리끝까지 난 사람들로부터 나오는 것이다. 그래서 나는 우리 아들과 젊은이들에게 말한다.

"너의 꿈을 실현하지 못했을 때 머리끝까지 분노하고, 그 분노를 혁신의 원동력으로 삼아라."

현명한 질문이 세상을 바꾼다

어렸을 적의 일이다. 어머니한테 뭔가를 물었는데 쓸데없는 생각한다고 야단을 맞았다. 동네 어른들이 모여서 뭔가 이야기를 주고받는데 한마디를 거들었더니 쪼그만 녀석이 어른들 말에 끼어든다며 호통을 쳤다. 그때부터 누구에게 뭘 물어보기가 두려웠다. 수업시간에도 궁금한 것은 많았지만 그냥 넘어가곤 했다.

하지만 내 아들이 질문을 해올 때는 무척 기뻤다. 질문을 일러 '생각의 낚싯 바늘' 이라고 할 수 있다. 아이는 말을 또박또박 하면서부터 엉뚱한 질문을 퍼부어대기 시작했다.

"예수님이 어떻게 내 작은 마음에 들어오지?"

"예수님이 내 마음에 들어와 배가 부른데, 왜 또 밥을 먹어야 해?"

아들이 이런 질문을 하면 목사인 나는 솔직히 진땀이 났다. 아이들 특유의 천진난만한 질문은 종종 어른들을 곤혹스럽게 만든다. 어떤 질문에는 열심히 책을 찾아보며 답해야 했지만, 질문의 숫자만큼 아이가 쑥쑥 자라는 것이 보여 기뻤다. 그런데 아이가 어느 순간부터 더 이상 질문을 하지 않았다. 세상에 대한 호기심이 사라졌는지, 아니면 어린 시절의 질문들이 유치하게 느껴졌는지 모른다. 아무리 나이가 들더라도 세상을 향한 강한 호기심을 멈추어서는 안 된다. 성인이 된 아들에게 이런 말을 들려주고 싶다.

"세상에 대해 질문하기를 중단하지 마라. 질문이 너를 바꾸고 세상을 바꾼다."

경영학의 아버지라 불리는 피터 드러커는 어렸을 때 학교 선생님으로부터 "너는 무엇으로 기억되기를 바라느냐?"라는 질문을 받았다. 교실에 있던 학생들이 아무 대답을 못하자, 선생님은 이렇게 말했다고 한다.

"지금 대답하지 못해도 괜찮다. 하지만 50살이 되어서도 대답하지 못한다면 그건 네 삶을 낭비했다는 뜻이란다."

피터 드러커는 언제나 이 질문을 생각하며 살았다.

"너는 누구냐?"

"너는 무엇을 하기 원하느냐?"

"현재 네가 하는 일이 즐겁고 만족스러우냐?"

이런 질문이 사람을 성장시킨다. 질문은 자기계발의 모티브를 제공하며 지성인으로 성장하는 촉매 역할을 한다. 지식이 단순한 정보 축적이라면 지성은 깨달음을 통한 지혜에 가까운 것이라 할 수 있다. 암기에 의존하는 것이 지식이라면, 지성은 통찰을 바탕으로 한다. 질문이 사라지면 지혜가 쌓일 수 없다. 누구나 지식인이 될 수는 있지만 지성인이 되기는 어렵다.

《Smart Question》이라는 책에서 저자 제럴드 네이들러는 이런 말을 했다.

"인류의 가장 위대한 혁명은 세상에서 널리 인정받는 주장과 믿음에 의문을 제기한 위대한 사상가들로부터 시작되었다. 코페르니쿠스는 태양이 지구 주위를 돈다는 패러다임에 반기를 들었고, 미국 헌법을 창시한 '건국의 아버지들'은 군주 통치가 나라를 다스리는 유일한 방식이라는 통념을 거부했다. 헨리 포드는 자동차의 대량 생산이 불가능하다는 생각에 반발했고, 에드 랜드는 사진을 찍은 즉시 인화할 수는 없을까 하는 데 의문을 품어 폴라로이드를 개발했다. 스티브 잡스와 빌 게이츠는 큰 조직에서만 사용하던 컴퓨터를 일반인에게 널리 보급함으로써 세계를 변화시킬 수 있다고 믿었다."

에드워드 제너는 "왜 사람들은 천연두에 걸리지?"라는 평범하기 짝이 없는 질문을 "왜 소젖을 짜는 여자들은 천연두에 안 걸리지?"라고 바꿈으로써 천연두 백신을 찾아냈다. 모두들 당연하게 여겼던 지식에 현명한 질문을 던져 세상을 바꾼 것이다. 나는 현명한 질문 하나가 세상을 바꿀 수 있다고 믿는다.

거꾸로 보는 연습을 하라

아들은 한동안 논리 무너뜨리기 게임을 좋아했다. 말이 게임이지 실상은 제 엄마가 하는 말마다 토를 달고 물고 늘어지는 것이었다. 그 바람에 아내가 약이 올라 화를 내기도 했다. 아들은 이야기를 나누는 주제마다 논리적으로 따지며 집요하게 따져 물었다. 다양한 화젯거리 중에 낙태 문제를 언급하기도 했다.

"엄마! 뱃속에 있는 아이는 눈에 보이지도 않고, 생명이라고 할 수도 없는데, 낙태를 살인이라고 할 수 있어요?"

"살인이지. 왜냐하면 생명체니까."

"그게 생명이라는 걸 어떻게 알아요? 눈에 보이지도 않는데?"

"그럼 눈에 보이면 생명체이고 눈에 안 보이면 생명체가 아니란 말이니?"

아들도 지지 않으려는 듯 꼬치꼬치 캐물었다.

"그러니까 내 말은 그게 생명체라는 걸 어떻게 증명하느냐는 거죠."

"아기는 말이야, 처음에는 하나의 점으로 시작하고 형체가 거의 없지만, 시간이 흐를수록 점점 커지며 자라잖아. 그러니까 생명체지, 안 그래?"

엄마의 대답이 궁핍해지자 아들은 화제를 이혼 문제로 돌렸다.

"엄마, 매일 남편한테 죽도록 매 맞고 사는 여자들 말이에요, 그런 여자들은 차라리 이혼을 하는 게 낫지 않아요? 엄마 같으면 어떻게 하시겠어요?"

"엄마는 아무리 힘들고 어려운 상황이라도 이혼하라고 권하지는 않는다."

"사실은 엄마도 이혼하라고 권하고 싶죠?"

"그래, 차라리 이혼하라고 말하고 싶은 마음이 굴뚝같을 때도 있지만 이혼을 권하지는 않아."

"그럼, 엄마는 이중인격자네요. 진짜로는 이혼하라고 권하고 싶으면서 실제로는 그렇게 하지 않으니……."

아내의 얼굴은 붉으락푸르락 했지만 나는 아들이 자신만의 논리를 만들어 토론하려는 모습이 더없이 반가웠다. 다른 사람들에게 자신의 의견을 강하게 전달하기 위해서는 확신과 용기가 필요하다. 남들과 다르게 생각하는 것을 두려워하지 않아야 한다.

다만 논리 싸움을 위한 논리를 주장하면 곤란하다. 다른 사람의 논리에 도전해 보는 것은 좋지만 그것이 태도로 굳어지지 않아야 한다. 다른 사람의 말을 무조건 꺾으려 하고 말끝마다 걸고넘어지면, 일시적으로는 우쭐해질 수 있지만 친구를 잃기 쉽다. 잘난 척하는 사람을 좋아할 친구는 없을 것이다.

토론할 때는 상대방의 의견을 무조건 무시하지 말고 부드럽게 인정하면서도 자신의 의견을 펼쳐야 한다. 강한 자기 확신과 함께 상대방이 깨끗하게 받아들일 수 있을 정도로 주장에 아귀가 맞아야 한다.

내 경험에 의하면, 토론할 때 자신이 알고 있는 지식을 그냥 나열하는 것은 아무런 감동도 주지 못하고 강한 인상도 남기기 힘들었다. 같은 지식이라도 남들과 다르게 접근하고, 받아들인 지식을 자기 나름대로 해석하여 창의적인 의견으로 만드는 것이 중요하다. 그러기 위해서는 남들보다 몇 배는 더 고민해야 한다.

창의력은 타고나는 것이라고 생각하기 쉽지만 결코 그렇지 않다. 창의력은 태어날 때 누구나 갖고 있는 능력이되 대부분 계발되지 않고 잠자고 있을 뿐이다. 창의력을 계발하기 위해서는 무엇이든 거꾸로 생각하고 바꾸어서 생각하는 방법이 크게 도움이 된다.

레오나르도 다빈치 법칙을 생각에 적용시키면 창조적 사고를 하기 쉬울 것이다. 왼손을 사용해 반대 방향으로 글씨를 쓴 다음 거울에 비춰보면 제대로 읽힌다. 이를 '레오나르도 다빈치 글씨' 라고 하는데, 이와 같은 방식으로 생각을 펼치면 전혀 새로운 세상이 보인다.

창의력을 키우는 법칙 중 하나는 '모든 행동은 상반되는 것으로 되어 있다. 일을 거꾸로 보고 바꿔 보는 법을 배워라' 이다.

매일매일 세상을 읽어라

인터넷의 등장은 미디어 콘텐츠의 소비행태를 바꾸어놓았다. 디지털 세대는 스스로 뉴스를 선택하고 생산하며 소비하는 트렌드를 추구한다. 블로그와 개인 동영상 사이트는 개인 미디어의 형태를 갖췄다. IPTV가 방송 서비스를 개시했고 곧 디지털 방송이 실시될 예정이다. 그때가 되면 아날로그 TV 수상기는 고물상에서도 취급하지 않는 물품이 될 것이다. 이런 초고속 정보화 시대에 활자매체의 유용함을 말하는 사람은 시대에 뒤떨어진 사람 취급을 받을 것이다.

그래도 나는 생각의 지평을 넓힐 수 있는 가장 좋은 매체로서 신문 읽기를 권한다. 매일 아침 현관 앞에 툭 던져진 신문은 보잘것없어 보일 수 있다. 또 날짜 지난 신문은 쓰레기 분리수거 대상으로 전락한다. 그러나 생각을 달리하면 신문은 입이 다물어지지 않을 정도로 다양한 정보를 담고 있다. 단돈 500원이면 국내외 수백 명의 기자들이 발로 뛰어다니며 취재한 다양한 사건들과 치밀하게 분석된 미래의 트렌드를 한눈에 볼 수 있다. 전 세계에서 일어난

사건을 실시간으로 정리해서 우리에게 알려준다고 생각하면 신문의 효용성에 감탄하지 않을 수 없다.

《메가트랜드》의 저자인 존 네이스비츠는 이런 말을 했다.

"내가 하는 것만큼 다른 사람들이 한다면 누구나 미래를 읽을 수 있을 겁니다. 나는 하루 6~7시간씩 신문을 읽습니다."

일본의 평론가인 오다소이치는 이런 말을 했다.

"주간지는 건어물, 월간지는 통조림, 단행본은 포와 같은데, 신문은 생선회와 같다."

그의 말처럼 신문은 싱싱하고 먹음직스러운 활어와 같다. 그래서 나는 신문 읽기를 '500원의 행복'이라고 부른다. 500원을 통해서 얻을 수 있는 정보가 너무나 많아 행복하기 때문이다.

신문은 지식의 원천이라고 할 수 있다. 처음에는 4컷짜리 시사만화를 읽는 재미로 신문을 읽기 시작했는데, 어느 순간 다른 글로 시선이 옮겨지더니 나중에는 칼럼이나 사설을 읽게 되었다. 신문에 소개되는 신간 정보를 읽은 뒤 책을 주문하기도 하고, 나중에 참고할 만한 정보가 있으면 메모해 놓는다. 신문을 볼 때 한 가지 주의할 점은 반드시 행간을 읽어내도록 노력해야 한다는 것이다. 그러기 위해서는 서로 성격이 다른 2종 이상의 신문을 구독해 볼 필요가 있다.

한 가지 신문을 오래 구독하다 보면 자칫 비판 의식 없이 그 신문이 주장하는 바만 믿기 쉽고, 객관적으로 판단할 기준을 갖기도 어렵다. 보수적인 신문과 진보적인 신문을 함께 구독하면서 한 가지 사건을 두고 어떤 관점과 색깔을 갖고 해석하는지 비교하다 보면, 세상을 읽는 힘이 생기고 우리 사회의 제반 현상에 대해 나름대로 비판할 수 있는 능력을 키울 수 있다.

큰아들이 한창 영어 공부를 할 때는 〈뉴욕타임스〉를 구독해 사설을 매일 읽었다. 처음에는 빼곡하게 단어를 찾더니, 점점 찾는 단어의 수가 줄어들었고 그만큼 논리적으로 생각하는 힘도 키워졌다. 이런 능력은 대학 입학을 위한 에세이를 쓸 때 큰 도움이 되기도 했다. 신문을 읽다 보면 어느 순간 생각하는 힘이 생기고, 비판 능력이 생기고, 궁극적으로 자신의 주장을 펼칠 힘이 생기게 된다.

또 한 가지 덤으로 얻을 수 있는 것은 우리의 일상에서 간과하기 쉬운 사회의 구석을 알게 된다는 점이다. 커피 없이는 하루를 열지 못하면서도 에티오피아 커피농가의 1년 수입이 겨우 6만 원이며, 대부분 어린아이들의 노동력에 의지하고 있다는 사실을 까맣게 모를 수 있다. 그러다 어느 날 신문의 한 귀퉁이에 실린 작은 기사를 통해 알게 될 것이다. 눈에 보이지 않는다는 이유로 외면하고 있던 세상 구석구석까지 경험할 수 있게 된다.

생각을 바꾸면 세상은 설렘으로 가득하다

공부에 시달리며 반복되는 일상을 보내는 아이들을 보면 딱하다는 생각이 들곤 한다. 언젠가 아들이 불쑥 이런 말을 뱉었다.

"하루하루가 재미없고 반복되는 느낌이 들어요."

공부하기 싫다는 말을 제 딴에는 그렇게 표현한 것이었다. 매일 아침에 일어나 서둘러서 학교에 가고, 공부하고, 집에 돌아와서는 숙제하고, 저녁 먹고, 다시 잠자리에 드는 생활의 반복이다. 또는 이 학원 저 학원을 돌면서 수업 듣고 한밤중에 집에 돌아와 급하게 숙제하고 시계를 보면 새벽 1시가 되기 일쑤다. 내가 생각해도 지겹게 느껴진다. 어떤 학생은 노골적으로 이야기한다.

"사는 게 너무 재미없어요. 죽고 싶은 생각이 들 때도 있어요."

다람쥐 쳇바퀴 돌 듯이 반복되는 생활 속에서 의미를 찾기 힘들고 재미를 찾기는 더욱 힘들 것이다. 따지고 보면 나 역시 학창시절에는 비슷한 삶의 궤적을 밟으며 살아왔다. 아들과 그 학생에게 내가 무슨 말을 해줄 수 있을까.

누군가가 말하기를 현대인의 가장 큰 저주는 '피상성'이라고 한다. 겉으로 드러나는 일상이라는 껍데기는 있는데, 그 일상 속에서 본질이나 의미를 찾지 못한다는 의미다. 중학교나 고등학교에 처음 입학했을 때는 새로운 환경에 대한 설렘으로 여러 다짐을 한다. 그러나 시간이 지날수록 그런 설렘과 다짐은 흔적도 없이 사라지고 아침에 눈을 뜨면 '오늘도 또 하루가 시작되는구나!' 라는 지겨운 생각을 먼저 하게 된다. 반복되는 생활 속에서 다짐은 의미를 잃어버리는 것이다.

나는 직장을 다닐 때도 그런 생각을 할 때가 있었다. 매일 아침 같은 시간에 일어나서 밥 먹고, 출근해서 일하고, 점심에 뭐 먹을

까 고민하다가 자주 가는 식당에서 밥을 먹고, 다시 오후에 일하고, 집에 돌아와서 밥 먹고 책 읽다가 잠이 드는 생활의 연속이었다. 어른들의 세계라고 해서 재미있는 일이 더 많은 것도 아니다. 매달 받는 월급을 위한 밋밋한 일상이 우리 인생처럼 느껴지기도 한다.

그런 매너리즘을 극복하기 위해 나는 내 나름의 비법을 터득했다.

'반복되는 일일수록 다른 방법으로 시도해 본다.'

이것이 내가 터득한 비법이다. 점심식사를 하러 갈 때 주로 단골로 가는 식당이 있지만, 하루쯤은 새로운 식당을 발굴해서 찾아가 보고, 새로운 메뉴를 주문해서 먹어본다. 물론 단골 식당에 가면 척척 알아서 서비스해 주고 반찬 한 가지라도 더 얹어주기 때문에 편하지만, 새로운 식당 발굴은 또 다른 흥미로운 경험이다. 게다가

음식 맛까지 좋으면 엄청난 발견을 한 것처럼 뿌듯하기도 하다.

물론 인생이 점심 먹을 식당 찾듯 단순한 것은 아니다. 단지 비유일 뿐이다. 이렇게 작고 사소한 일에서도 항상 새로움을 발견하려고 노력해 보자. 하루쯤은 익숙한 길을 벗어나서 조금 돌더라도 새로운 길을 개척해 보는 것이다. 처음 가보는 골목길을 두리번거리며 걸어가다 보면 '아니, 이런 옛날식 이발소가 아직도 있었단 말이야? 저기 걸려 있는 달력 좀 보게! 이발소 달력은 세월이 지나도 여전하네.' 그런 생각들이 마구 들면서 신대륙을 개척한 콜럼버스가 된 기분이 든다.

또 하나, 피상성의 저주에서 벗어날 수 있는 가장 좋은 방법은 늘 감사하는 마음으로 사는 것이다. 잠자리에 들기 전 그날 하루 감사했던 일을 떠올려보는 것도 중요하다. 매일 단 5분이라도 하루를 돌아보는 명상의 시간을 가지면서, 그날 감사했던 일을 떠올려 보면 너무나 당연하게 여겼던 일이 사실 얼마나 감사한 일인지 알게 된다. 아침에 늦잠 자지 않고 제 시간에 학교에 갈 수 있었던 일도 감사하고, 먹을 수 있는 음식이 있다는 사실에도 감사한다. 건강하게 걸을 수 있는 튼튼한 두 다리가 있다는 사실에 감사하고, 나를 걱정해 주는 가족이 있다는 사실에 감사하고, 무엇보다 이 험한 세상에서 별다른 일 없이 하루를 보내고 무사히 집으로 돌아와 잠자리에 들 수 있다는 사실에 감사한다. 감사하는 마음을 갖고 바라보는 세상은 그 전과 달라 보인다. 작은 일조차 소중하고 의미 있게 느껴져서, 반복되는 일상 속에서도 매너리즘에 빠지지 않을 수 있다. 우리의 생각을 바꾸면 세상은 설렘으로 가득하다.

자신만의 캐릭터를 만들어라

사회에 첫발을 내딛는 젊은이에게 몇 번이고 강조하고 싶은 말이 있다.

"나라는 상품에 어떤 캐릭터를 만들지 항상 고민해라. 모든 상품은 리마커블remarkable해야 살아남을 수 있다."

그런 의미에서 《보랏빛 소가 온다》의 저자 세스 고딘이 소개한 리마커블 상품 이야기는 많은 것을 생각하게 한다.

큐래드가 일회용 반창고 시장에 진출하여 밴드에이드에 도전한다고 했을 때, 대부분의 사람들은 큐래드가 제정신이 아니라고 생각했다. 밴드에이드는 미국 가정의 필수품으로 확고한 명성을 굳히고 있었다. 이런 상황에서 큐래드는 어떤 전략을 가지고 승부를 했을까? 큐래드는 보랏빛 소, '퍼플 카우'를 개발했다. 퍼플 카우란 한꺼번에 지나가는 소떼에서는 차별성을 느낄 수 없지만 눈에 띄는 보라색 소를 통해 차별성과 임팩트를 느낄 수 있다는 마케팅 개념으로, 기존 제품과는 확실하게 차별화되는 제품이나 서비스를 말한다.

큐래드는 캐릭터가 인쇄된 반창고를 만들어냈다. 밋밋한 밴드에이드 제품과 확실하게 차별되었다. 작은 반창고의 주 고객인 어린 아이들의 반응이 열광적이었다. 캐릭터 반창고를 붙인 아이가 학교에 처음 나타났을 때, 다른 아이들도 그 반창고를 붙이고 싶어 했다. 친숙한 만화 캐릭터들이 프린트된 반창고에 아이들은 푹 빠져버렸다. 덕분에 큐래드가 선두 기업으로부터 시장의 상당 부분을 빼앗아오는 데 그다지 오랜 시간이 걸리지 않았다.

학교를 졸업하고 사회에 처음 나설 때면 누구나 조금은 혼란스럽다. 열심히 공부하여 충분한 실력을 쌓았지만, 막상 사회는 학교와는 달리 공정함을 요구하기 힘든 곳이다. 학교는 전통적인 평가 잣대인 성적에 의해 평가받고, 어느 정도 공평한 평가 시스템을 갖추고 있다. 그러나 사회는 학교와는 다른 시스템으로 유지되는 곳이다. 스트리트 파이터가 되어 어디에서 가해질지 모르는 공격을 방어해야 하고, 끊임없이 실력을 입증해야 한다.

그 외로운 전쟁터에서 남들과 비슷한 정도의 실력과 능력으로는 인정받기 힘들다. 리마커블 전략으로 밴드 시장을 공략한 큐래드와 같은 차별화 전략이 반드시 필요하다. 그러므로 끊임없이 고민해야 한다. 개개인이 독특한 캐릭터를 만들어내기 위해서는 남다른 생각을 해야 한다.

아들에게 항상 강조하는 말이 있다.

"항상 남과 다르게 생각하고 너만의 고유한 재능을 살려라."

나 역시 뭐든지 창의적이고 색다르게 생각하고 행동하려고 노력하고 있지만, 쉬운 일이 아니다. 다른 사람의 시선을 의식하게도 되고, 파격이라는 단어 앞에서 용기를 잃을 때도 있다. '그냥 묻혀서 살아도 되는데, 피곤하게 창의적으로 생각할 필요가 있을까?'라는 게으른 생각이 들기도 한다.

그렇게 안이한 생각이 들 때는 생각이 남다른 사람들의 태도를 엿보는 것이 도움이 된다. 그런 사람들의 특징을 분석해 보니 공통점이 있었다. 그 공통점을 모아 자신을 점검해 볼 체크리스트를 만들어보았다.

1. 신간 정보를 유심히 살펴보며 매주 새 책을 사기 위해 시간과 돈을 투자한다.
2. 나와 상반되는 생각을 가진 사람들의 의견을 흥미 있게 듣는 편이다.
3. 늘 다니던 목적지라도 다른 길이나 다른 교통편을 찾아보기도 한다.
4. 사물이나 이치에 대해 '왜?' '어떻게?' 라는 질문이 많은 편이다.
5. 자주 감탄사를 연발한다.
6. 비교적 잘 웃고 유머를 즐긴다.
7. 혁신, 발상의 전환, 역발상 등을 흥미롭게 여긴다.
8. 신문의 새로운 학설이나 발명품에 관한 기사를 꼼꼼히 읽는 편이다.
9. 파격적인 옷을 입는 것에 대한 두려움이 적다.
10. 새로운 사람을 만나는 것이 전혀 두렵지 않다.
11. 사람들을 만나면 외모보다 그 사람의 생각이 궁금해진다.

12. 새로 읽은 책에 대한 정보를 화제에 올리는 편이다.

13. 새로운 표현들을 보면 메모해 두거나 암기하려 애쓴다.

14. 신상품에 대한 정보가 많은 편이다.

15. 실용신안, 특허 등을 신청해 보고 싶을 때가 있다.

16. 나름대로 두뇌를 쉬게 하는 비법이 있다.

해당되는 항목에서는 '역시! 잘하고 있어' 라고 스스로 격려하고, 해당되지 않은 항목을 발견하면 시도해 보려고 노력하자. 처음부터 여러 가지를 시도하면 힘들겠지만, 하루에 한 가지를 정해 놓고 시도하면 꽤 도움이 될 것이다.

'오늘은 감탄사를 다섯 번 이상 말해 보자' 라고 생각했다면, 의식적으로 기억해 두었다가 실천하는 것이다. 색다른 복장을 한 친구에게도 아낌없는 칭찬 한마디, 청명한 하늘을 향해서도 감탄의 한마디. 그렇게 감탄사를 연발하다 보면 뜻밖에 생각의 전환, 사고의 전환을 경험할 수 있을 것이다.

그러한 사고의 전환을 통해 자신만의 차별화된 캐릭터를 창조해 가는 것이야말로 최고의 경쟁력이 된다.

잠자고 있는 아이디어를 깨워라

얼마 전 미국에 살고 있는 친구로부터 편지를 받았다. 그 친구는 내게 "아무리 심각한 일이 생겨도 절대로 심각해지지 않을 친구에게"라고 서두를 적었다. 그 편지에 이런 구절이 나온다.

"심각한 사람들에게서는 아이디어가 절대로 나오지 않습니다."

유머와 창조력은 절친한 친구 사이이다. 일할 때 재미가 없다면 인생을 낭비하는 것이나 마찬가지다. 마음이 즐거워야 창의적인 생각과 아이디어가 떠오른다. 친구가 보내준 편지에 덧붙여진 글 가운데 흥미로운 것은 생각하는 방식을 한번 바꿔보라는 내용이었다. 잭 포스터의 《잠자는 아이디어 깨우기》 중에 나오는 내용인데 창의적인 사고에 도움이 될 것이다.

1. 시각적으로 생각하라

아인슈타인은 언어로 생각한 적이 한 번도 없다고 한다. 개념이 이미지로 먼저 떠오르면 그것을 언어나 공식으로 표현했다는 것이다. 사진작가 만 레이는 여인의 토르소를 첼로로 보았다. 건축가

프랭크 로이드 라이트는 집이 독립된 구조물이 아니라 풍경을 이루는 필수 요소라고 생각했다.

2. 수평적으로 생각하라

너무 논리만 따지다 보면 좋은 아이디어가 나오지 않는다. 세상일은 반드시 앞뒤가 맞아떨어지지 않는다. 논리를 무시하면 재미있는 아이디어가 튀어나온다.

3. 있지도 않은 경계선을 긋지 마라

지레 짐작해서 함정을 파지 말라는 뜻이다. 사람들은 자기가 판 함정에 스스로 빠져버리는 실수를 자주 한다. 종이로 비행기를 접어 누가 가장 멀리 날리나 시합을 했다. 대개 원을 그리며 날다가 얼마 가지 못하고 바닥으로 곤두박질쳤다. 그런데 어떤 사람이 종이를 골프공만 하게 똘똘 뭉쳐 멀리 던졌다. 동그란 비행기는 없을까? 누가 종이비행기는 꼭 비행기처럼 생겨야 한다고 했나?

4. 지나친 자유는 혼돈이다. 약간의 제한을 두어라

3번과는 반대되는 이야기지만, 아이디어를 낼 때 어떤 범위를 지정해 두지 않으면 너무 막막해서 무엇을 해야 할지 몰라 방황하는 수가 있다. 누군가가 막연히 그저 맛있는 음식을 만들어달라고 하면 무엇을 어떻게 만들어주어야 할까? 재즈 음악가 듀크 엘링턴은 곡을 쓸 때 늘 악기의 종류와 연주자의 수를 제한해 놓았다. 월터 헌트라는 사람은 항상 돈 때문에 독촉을 받은 상황에서 사람들에

게 정말 필요한 것, 몇 시간 내에 스케치할 정도로 단순한 것을 발명하기로 했다. 결국 그는 안전 옷핀을 발명했다.

가장 자극적인 제한은 시간이다. 마감 시간을 정해놓고 일하라. 초능력이 생긴다. 마감 시간이 당신에게 박차를 가하여 뭔가 이루게 만들어 줄 것이다.

잠자는 아이디어를 깨우기 위해서는 세상을 뒤집어볼 필요가 있다. 돈 안들이고 배울 수 있는 방법 중의 하나가 바로 TV 광고다.

'바나나 우유는 원래 하얗다' 라는 광고를 본 적이 있다. 바나나 우유는 원래 노란색이어야 한다는 상식을 깨고 하얀색 바나나 우유를 출시하면서 선보인 광고인데, 마치 몰래카메라나 인터넷에 떠다니는 동영상을 보는 것 같은 재기발랄함이 돋보였다.

"바나나가 원래 하얗다는 게 말이 됩니까?"

"바나나 껍질은 분명 노란색이지만 원래 속 알맹이는 하얗거든요."

"아이디어는 기발한데 바나나 우유는 하얗다는 게 말이 됩니까? 그냥 노란색으로 갑시다."

상품 기획을 담당한 부장이 기획을 잘못했다는 이유로 사장 앞에서 된통 당하고 있는 장면이다.

이 광고를 보고 얼마나 유쾌하게 웃었는지 모른다. 사장 앞에서 쩔쩔매면서도 바나나는 원래 하얗다고 강하게 주장하는 부장의 모습이 안쓰러우면서도 재미있었다. 나는 이 광고가 기존 광고 형식의 틀을 통쾌하게 깼다는 점에서 '아! 사고의 전환이란 바로 이런 것이구나!' 라고 생각했다.

TV를 즐겨 보지 않지만 새로운 광고는 관심 있게 보는 편이다. 광고가 제품을 잘 설명하고 있는지, 보는 사람의 시선을 끄는지, 기억에 오래 남는지, 사람들의 심리를 제대로 반영하고 있는지를 생각하며 광고를 보면 무척 흥미롭다.

때로는 '나도 이 정도 생각은 할 수 있었는데……' 라는 오만한 마음이 들 때도 있다. 알고 보면 너무나 쉬운 일도, 맨 처음 그 상식과 어리석음을 깨는 것은 정말 어려운 일이다. 콜럼부스의 달걀에 관한 이야기가 대표적이다. 콜럼부스가 신대륙을 발견한 일에 대해서 여러 사람이 쑥덕였다. 어차피 있는 대륙을 발견한 것이 무슨 대단한 일이라고 추켜세우느냐고 하며 이러쿵저러쿵 말이 많았다. 그러자 콜럼부스는 달걀을 모로 세워서 쓰러지지 않게 할 수 있는 사람 나와 보라고 외쳤다. 아무도 나서지 않자 콜럼부스는 보란 듯이 달걀의 모 부분을 살짝 깨뜨린 후에 세워서 사람들의 논란을 잠재웠다.

남이 하는 것은 무엇이든 쉬워 보이지만 그렇게 새로운 시도를 한다는 것, 사고의 전환을 한다는 것은 어려운 일이다. 어떤 고정관념에 얽매여서는 절대로 좋은 아이디어가 나오지 않는다.

책 읽는 즐거움을 안다는 건 소중한 자산이다

오래 전, 앨빈 토플러의 《제3의 물결》을 읽고는 며칠 동안 잠을 이루지 못했던 기억이 생생하다. 상상도 못할 미래가 펼쳐진다는데 도대체 어떤 세상이 펼쳐질 것인가 흥분되기도 하고 설레기도 했었다. 내가 어릴 적에는 선생님이 "미래에는 전기로 된 밥솥에 쌀을 넣고 코드를 꽂으면 밥을 해서 알려줄 거예요"라고 하신 말씀에 무슨 황당한 소리인지 몰라 눈을 동그랗게 떴었다. 요즘 젊은 이들에게는 호랑이 담배 피우는 시절의 이야기쯤 될 것이다.

그때는 그런 일이 정말 가능할지 미심쩍었다. 그런데 얼마 안 돼 그런 일들이 실제로 일어났다. 그렇기 때문에 '미래는 어떤 모습일까?' 생각하면, 미래를 맞이하기 위해 내가 어느 정도 준비되어 있는지에 대한 두려움이 앞선다. 정보 세상, 로봇 세상, 첨단과학 세상이 다가온다는데 내가 준비를 잘 하고 있는가 싶다.

몇 날 며칠 밤잠을 설치게 했던 앨빈 토플러의 《제3의 물결》은 평생 잊지 못할 책이 되었고, 책 한 권이 생각의 지평을 얼마나 넓혀줄 수 있는지를 절실히 깨닫는 계기가 되었다. 나는 도서관에서 나와 인연 맺기를 소망하며 내 손길을 기다리고 있을 책들을 생각하면 가슴이 뛴다. 나이가 들어서 시간이 많아지고 정신적으로 여유가 생겼을 때 책을 읽는 것도 행복한 일이지만, 젊을 때의 감성과 느낌으로 읽어야 하는 책들도 있다. 고전 중의 고전인 헤르만 헤세의 《데미안》과 같은 책은 알을 깨고 세상으로 나오는 젊은이가 읽었을 때 진정한 감동이 있을 테고, 《젊은 베르테르의 슬픔》 같은 책은 베르테르와 비슷한 감성을 지니고 연애의 고통을 느낄 수 있는 나이에 읽어야 공감할 것이다.

어릴 때 책을 읽지 않았던 사람이 나이가 들어 시간적, 정신적으로 여유가 생겼다고 책을 읽기는 힘든 법이다. '거실을 서재' 로 만드는 운동을 하고, 좋은 책을 아무리 많이 소개해도 마음속 깊이 책 읽는 즐거움을 느끼지 못하는 사람은 생활 속에서 책읽기를 실천하기 힘들다.

책 읽는 즐거움을 안다는 것은 인생에서 소중한 자산이며, 많은 시간을 행복하게 보낼 수 있는 소양을 갖추고 있다는 증거다. 사회생활을 하다 보면 일에 쫓겨 자신을 돌아볼 틈도 없이 바쁘게 하루하루를 보낼 수도 있지만, 독서의 즐거움은 포기하지 말아야 한다. 아침에 일어나 화장실에 앉아서, 대중교통을 이용하면서, 잠들기 전에 잠깐씩만 읽어도 하루에 30분 이상은 읽을 수 있고, 일주일에 한 권은 충분히 읽을 수 있다. 책은 기다리는 시간을 알차게 보내게 해주고, 은행이나 병원에서 쓸데없이 버려야 하는 긴 대기시간조차 즐겁게 만들어준다.

가방 속에 읽을 책 한 권을 넣고 다니면 언제나 행복한 시간들이

DADDY
GOETHE
TOFFLER
HESSE

기다리고 있다. 공부를 잘하기 위해 책을 많이 읽어야 한다고 강조하는 사람들도 있지만, 나는 그렇게 생각하지 않는다. 책을 많이 읽는다고 공부를 잘하는 것은 아니다. '모든 독서가가 다 지도자가 되는 것은 아니다. 그러나 모든 지도자는 반드시 독서가가 되어야 한다'는 말도 있다. 세계적으로 위대한 일을 한 위인들을 보면 모두들 책 읽기를 게을리하지 않는 사람들이며, 끊임없는 호기심과 탐구심으로 똘똘 뭉친 사람들이다.

새해를 맞을 때마다 올해에는 몇 권의 책을 읽어야겠다고 계획하지만 뜻대로 되지 않을 때가 많다. 계획의 절반만 읽어도 마음속에, 그리고 머릿속에 차곡차곡 쌓인 엄청난 보물들은 자신을 혁신시킨다. 때로는 깊은 감동으로, 때로는 깊은 통찰로 매일 달라지고 싶다면 책을 늘 가까이 해야 할 것이다.

'미래는 예측하는 것이 아니라 상상하는 것이다.'

앨빈 토플러는 이런 말을 하며 일반 상식에 허를 찔렀다. 미래를 상상하기 위해 가장 중요한 것으로 토플러는 독서를 꼽았다. 그는 미래를 지배하는 힘은 읽고, 생각하고, 커뮤니케이션하는 능력이라 말했다.

낯선 곳으로 여행을 떠나라

내가 대학 졸업을 앞두고 진로 문제로 고민하고 있을 때였다. 목회자의 길을 가고 싶지만 현실적으로 펼쳐질 궁핍한 삶이 두려웠고, 내가 해낼 수 있을까 하는 염려 때문에 마음의 갈피를 잡지 못하고 있었다. 몇 날을 방 안에 앉아서 고민했지만 선뜻 결론이 내려지지 않았다. 머리가 너무 복잡해서 무작정 배낭을 꾸려 지리산으로 여행을 떠났다. 새벽 4시쯤에 도착해서 동이 트기 전 깜깜한 길을 혼자서 한 걸음 한 걸음 걸었다. 이 생각, 저 생각, 정말 많은 생각들이 떠올랐다.

몇 시간을 걷자 이상하게도 머릿속에 아무 생각이 떠오르지 않고 그저 걷기에만 열중하게 됐다. 천왕봉에 가까워졌을 때는 언제 고민이 있기나 했냐는 듯, 빨리 산장에 가서 따뜻한 라면을 먹고 싶다는 욕구만 느꼈다. 그렇게 천왕봉 정상에 올라서 산 아래를 내려다보는데 문득 내가 고민했던 일이 별것 아니라는 생각이 들었다.

결국 내가 너무 욕심을 부려서 진로 문제가 복잡했던 것임을 깨달았다. 내가 우려한 상황들은 아직 일어나지도 않았고 나는 진정

목회자의 길을 원하고 있었다. 여행을 떠날 때는 뭔가 생각을 차근차근 정리해야겠다고 마음먹었는데, 막상 여행을 떠나보니 내가 생각을 정리하고 있는 것이 아니라 쓸데없는 생각들이 버려지고 있었다. 채움이 아니라 비움의 시간이었던 셈이다. 그토록 심각하게만 느껴졌던 문제들이 하찮게 여겨졌고 돌아올 때는 머리가 말끔하게 비워졌다.

낯선 곳에서 홀로 하룻밤을 지내본 사람들은 누구나 시인이 되고 철학자가 된다. 창밖에서 계절의 순환음이 들려오고 내면에서는 영혼의 속삭임이 들려온다. 나그네의 고독이 밀려들면서 무언가를 긁적이고 싶어지며 자신을 되돌아보게 된다.

사람들은 익숙한 것을 좋아한다. 익숙한 사람들과 만나면 편안해서 좋고, 익숙한 길을 가면 길을 잃을까 두려워하지 않아도 된다. 그러나 익숙함은 많은 장점에도 불구하고 단점이 있다. 익숙함은 새로움을 발견하기 어렵게 한다.

어제가 오늘과 비슷하고, 오늘이 또 내일과 다르지 않다면 심장을 콩닥콩닥 뛰게 하는 감흥이 생길 리 없다. 그럴 때는 잠시 익숙한 사람, 익숙한 장소를 떠나서 일부러 낯선 장소로 훌쩍 여행을 떠나보는 것이 좋다. 여행은 익숙함과의 이별이다. 낯선 여행을 하며 익숙한 자신에게서 탈피해 자신을 객관적으로 볼 수가 있다. 마치 비행기를 타지 않아야 비행기가 보이듯, 여행은 내 삶의 자리에서 물러서서 나를 바라보는 일이다.

늘 보았던 하늘도 여행지에서는 달리 보이는 것처럼, 너무나 잘 알고 있다고 생각했던 자기 자신이 낯설게 느껴진다. 자신이 무엇을 진정으로 원하고 있는지 모르고 있다는 사실에 놀라고, 때로는 상당히 왜곡되어 있다는 사실에 다시 놀란다. 자기 자신에 대한 성찰이 시작되는 것이다.

뭔가 풀리지 않는 어려운 난관에 부딪쳤을 때도 전전긍긍하며 매달리기보다는 탁 내려놓고 여행을 떠나면 좋다. 한 발짝 떨어져서 바라보면 복잡하게만 보이던 문제가 객관적으로 보이기 시작하고, 뒤엉켜 있던 실타래에서 실마리를 잡아내듯 해결 방법을 찾아낼 수 있다. 들쑤셔졌던 상처가 치유되기도 하고, 힘들고 벅차게만 느껴졌던 묵은 문제들을 담담하게 받아들일 여유가 생기기도 한다. 여행이란 그런 것이다.

시간과 장소에 자신을 온전히 맡기는 여행을 떠나보길 권한다. 철저하게 계획을 세워놓고 스케줄대로 움직이는 여행보다는 물 흐르듯이 자연스럽게 흘러가는 여행이 젊은 날의 감성을 키운다. 마음이 내키는 곳이라면 하루 더 묵어갈 수 있고, 여유와 마음이 맞는 친구를 만나면 시간을 갖고 이야기를 나눌 수 있다. 그런 넉넉함이 여행의 즐거움을 증폭시킨다.

그래서 나는 내 아들에게 여행을 적극 권장한다. 세계 여행이 아니더라도 낯선 곳으로 훌쩍 떠나서 많이 보고 배우기를 바란다. 철저하게 혼자가 되어 나그네의 고독을 마음껏 즐겨보는 것이다. 그렇게 익숙함과 결별하는 연습을 자주 하다 보면 어느덧 성숙해 있는 자신을 발견하게 될 것이다.

부모 자식 간에는
사랑하기에 다하지 못한 말이 있습니다.
당신의 마음을 보여주세요.

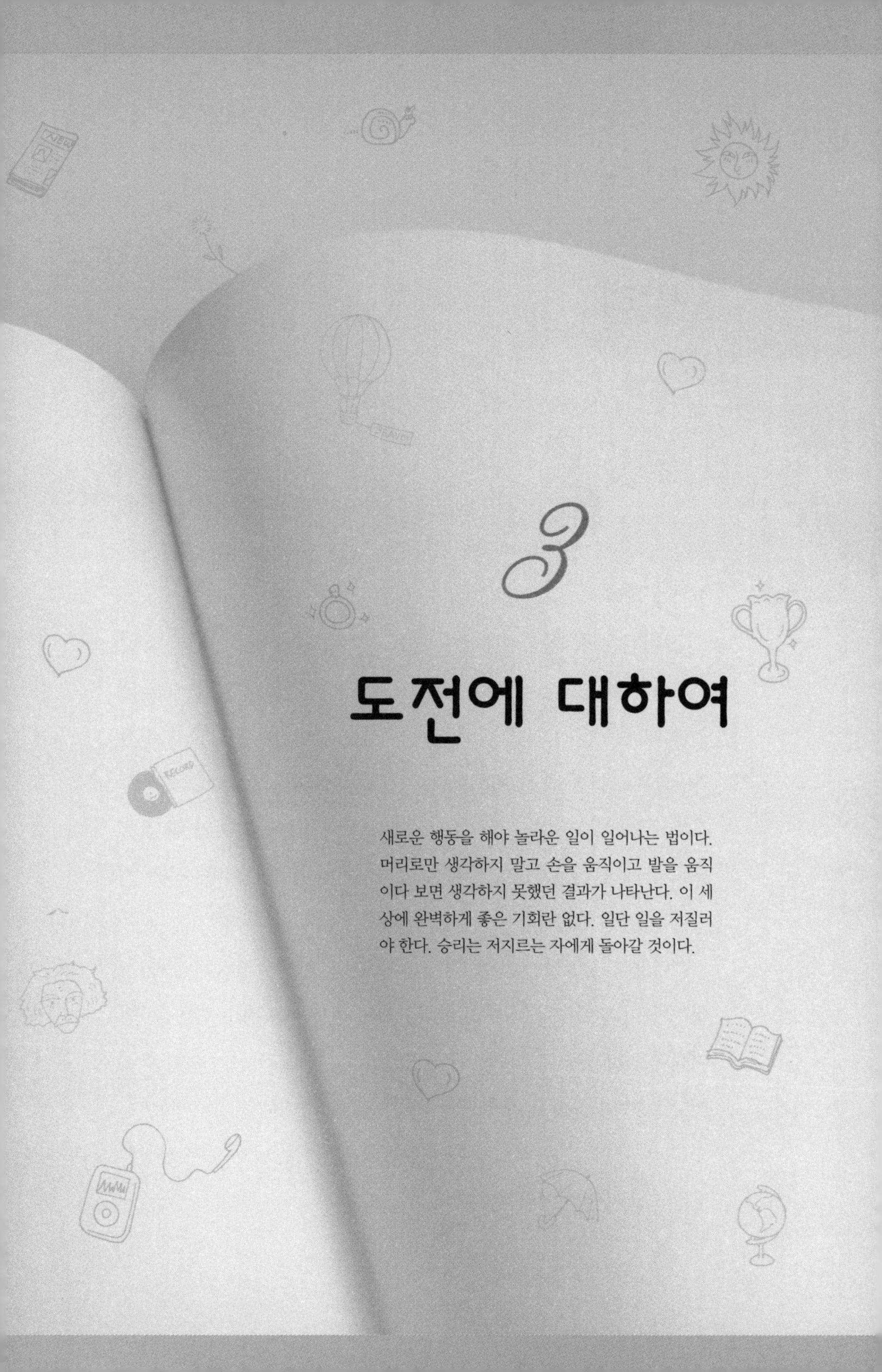

3

도전에 대하여

새로운 행동을 해야 놀라운 일이 일어나는 법이다. 머리로만 생각하지 말고 손을 움직이고 발을 움직이다 보면 생각하지 못했던 결과가 나타난다. 이 세상에 완벽하게 좋은 기회란 없다. 일단 일을 저질러야 한다. 승리는 저지르는 자에게 돌아갈 것이다.

반대세력을 두려워하지 말라

지금은 고인이 된 미국 역사학자인 아서 슐레진저는 클린턴의 정치에 대해 이런 말을 했다.

"클린턴은 확실히 케네디를 연상시킨다. 그의 빠른 두뇌 회전, 문제를 기술적으로 해결하는 지도력, 그리고 강한 지적 호기심 등은 케네디를 닮았다. 그러나 그는 투사가 아니다. 그는 자기 절제가 약하다. 그래서 반 똑똑이라는 말도 듣는다. 그는 적을 만드는 것을 두려워한다. 프랭클린 루즈벨트는 '나를 판단하려면 내 적을 통해서 해라' 라고 했다. 클린턴은 지적이고 매력 있지만 적을 만드는 데는 실패했다."

반대세력이 있다는 것은 나에게 뚜렷한 주관이 있다는 뜻이다. 내 주관이 강할수록 나를 비판하는 목소리도 커지기 마련이다. 반대세력을 만들어 대립각을 세우는 것이 두려워서 자신의 주관을 굽히다 보면 어느 순간 다른 사람의 눈치를 보고 비위를 맞추게 된다. '적을 만들어라' 는 적을 만들지 않겠다는 강박관념 때문에 자신의 주장을 포기하지 말라는 의미다.

지금 당장은 자신의 주장으로 인해 다른 사람과 부딪치고, 여러 명의 적이 생길지도 모른다. 그러나 주관이 뚜렷하다면 어떤 상황에서도 문제될 것이 없다. 흔들리지 않는 주관을 갖고 있으면 많은 적이 생기더라도 상처받거나 분노하지 않으며, 그로 인해 오히려 앞으로 밀고 나가는 강인한 추진력이 생긴다.

또한 반대세력이 있다는 것은 열심히 일하고 있다는 증거이고, 그 반대세력은 자신을 성장시키는 동력이 될 것이다. 어떤 사람도 비판 없이는 성장할 수 없으며, 올바른 비판과 논쟁 속에서 바른 길을 찾아나갈 수 있다. 반대세력의 비판을 통해 날을 세워 경쟁력을 키울 수 있는 것이다.

좋은 지도자는 반대세력을 두려워하기보다 오히려 찬사 속에 파묻혀버리는 '자만'을 두려워했다. 자신의 생각이 무조건 옳고, 떠받들어져야 하고, 그 누구의 비판도 달가워하지 않는 자만심은 가장 위험하다. 반면에 호된 비판으로 채근하며 긴장이 풀어지지 않도록 만드는 반대세력은 나를 발전시키는 원동력이다.

반대세력을 만드는 것을 두려워하지 말고, 자신의 의견을 바르게 세우고 뚜렷한 목소리로 다른 사람들에게 전할 수 있어야 한다. 반대세력을 통해서 개인은 발전하고 조직은 강해지는 법이다. 반대세력을 만들기 위해서는 강한 자신감을 가져야 한다. 자신감은 어디에서 무엇을 하든 중요한 1순위의 덕목이다. 이재준의 《사람이 모이는 리더는 말하는 법이 다르다》에 등장하는 자신감을 높여주는 몇 마디 말을 상기해 보자.

1. 웃으면서 이야기할 때가 꼭 올 거야.
2. 어렵겠지만, 한번 부딪쳐봐!
3. 아무나 못하는 일이야. 너니까 가능한 거지.
4. 성공한 모습을 상상해 봐! 너는 꼭 그렇게 될 거야!
5. 괜찮아, 넌 할 수 있어!
6. 마지막까지 최선을 다하자.

무슨 일을 하든 반대세력은 있기 마련이다. 강한 자신감을 갖고 그들과 함께 발전해 나갈 수 있어야 한다.

돈키호테처럼 도전하고 행동하라

새로운 일이나 낯선 일일수록 처음 시작할 때는 긴장하기 마련이다. '내가 과연 해낼 수 있을까?' '실패해서 다른 사람들한테 손가락질 당하지 않을까?' 하는 두려움이 앞선다. 그 두려움의 함정에 빠지다 보면 아무 일도 못하는 햄릿형 인간이 되고 만다.

아무리 좋은 아이디어가 떠올라도 그 아이디어를 구체적으로 실현하지 않으면 아무 소용이 없다. 행동을 해야 놀라운 일이 일어나는 법이다. 머리로만 생각하지 말고 손을 움직이고 발을 움직이다 보면 생각하지 못했던 결과가 나타난다. 이 세상에 완벽하게 좋은 기회란 없다. 일단 일을 저질러야 한다. 승리는 저지르는 자에게 돌아갈 것이다.

꼭 성공해야 한다는 강박관념을 가질 필요도 없다. 실패하면 또 도전하면 된다. 한번 해보겠다는 정신만 있으면 된다. 그런데 일을 해보지도 않고 실망하고 좌절하는 청춘들이 많다.

사람들은 불가능에 도전하는 돈키호테형의 인간을 부러워하면서도 한편으로는 두려워한다. 그런 사람은 충동적인 행동으로 기존 질서를 깨뜨리거나, 때로는 사람들을 혼란에 빠뜨리기도 하기 때문이다. 지식인은 돈키호테를 향해 생각 없이 행동한다고 비난하고 손가락질한다.

그러나 인생은 언제나 계획대로 흘러가지 않고 예기치 못한 일들이 일어나기 마련이다. 그렇기 때문에 때론 돈키호테 같은 사람이 오히려 어려움을 잘 헤쳐나갈 수 있다. 꿈과 이상을 위해 더 높이 날아오를 가능성이 있는 것이다. 그가 하늘 높이 손을 올리고 외치는 마지막 대사는 이것이다.

이룩할 수 없는 꿈을 꾸고
이길 수 없는 적과 싸우며

이루어질 수 없는 사랑을 하고
견딜 수 없는 고통을 견디며
잡을 수 없는 저 하늘의 별을 잡자

세르반테스의 《돈키호테》에 나오는 대목이다. 이룩할 수 있는 것은 더 이상 꿈이 아니며 견딜 수 있는 것은 이미 고통이 아니다.

요즘 제2의 금융위기를 맞아 청년실업이 심각한 사회문제가 됐다. 이럴 때일수록 우리들은 자포자기할 것이 아니라 돈키호테의 정신을 기억해야 한다. 포기하지 않고 끊임없이 시도하다 보면 기회는 반드시 다가오는 법이다.

상대방을 바꾸려 하기 전에 자신의 태도를 먼저 바꿔라

《샤무》라는 책이 있다. 동물조련사들이 돌고래와 코끼리를 조련하는 걸 지켜보다가, 그 방법을 고집불통이며 말썽쟁이이지만 또 사랑스럽기도 한 남편에게 적용해 본 경험을 쓴 책이다.

'만물의 영장을 자처하며 생태계 먹이사슬의 최고 위치를 점하는 인간에게 어떻게 동물조련 법을 적용시킬 수가 있을까?' 저자는 동물조련사들에게 배운 가장 중요한 원칙은 원하는 일을 했을 때 칭찬과 상을 주고 원하지 않은 일을 했을 때는 철저히 무시하고 쳐다보지도 말라는 것이다.

'남편을 길들이기가 아무리 힘들다고 해도 물개가 코끝에 공을 올려놓고 균형을 잡게 훈련하는 것보다 쉽지 않을까?' '코끼리가 두 발로 걸어다니며 나팔을 불고, 코로 수채화를 그리도록 길들이는 것보다 쉽지 않을까?' 이런 믿음에서 시작한 것이 이 책의 출발점이다. 왜 난데없이 책 이야기냐고 할지 모르겠지만, 난 이 책 속에서 동물 조련사들의 근본적 사고에 흥미를 가졌다.

동물조련사들의 근본 사고는 '동물이 어떤 잘못을 저질러도 동

물의 잘못이 아니라 조련사인 자신의 조련 법에 문제가 있다고 생각한다' 는 것이다. 따라서 조련사들은 자신의 조련대로 따라오지 못하는 동물에게 화를 내거나 야단치는 대신, 자신의 조련법을 더 연구하고 개선하려고 노력한다.

그런데 일반 사람들은 그러지 못한다. 상대방이 의도대로 안 바뀌면 욕을 해대고 비난을 퍼부어댄다. 사람이 얼마나 미련한지 모른다. 조련법의 원리에 따라 사람들을 대하는 방법을 살펴보자.

1. 인간도 동물이라는 사실을 한시도 놓치지 마라

속상해 할 일은 없다. 사람이 동물(호모 사피엔스)이지만 동물이 사람일 수는 없다.

2. 조련에는 분명한 목적을 가지고 접근해야 한다

상대에게서 원하는 것이 무엇인지 분명히 하라. 애매모호함이 가장 큰 고통이다.

3. 조련사는 동물의 행동을 감정적으로 받아들이지 않는다

'좋다' '나쁘다' 는 없다. 상대를 바꾸려 하기 전에 나를 먼저 변화시켜라.

4. 조련사는 기본원리를 이용하지만 그 원리로 다 똑같이 조련할 수 없음을 안다

누구에게나 통하는 방법은 존재하지 않는다. 상대방의 장단점을 정확히 알고 접근하라.

5. 조련사는 잔소리로 동물을 훈련하지 않는다

동물의 단점을 고쳐주기보다 동물이 행복하다고 느끼는지 그렇

지 않은지에 더 관심을 두어라.

6. 조련사는 칭찬의 기술을 사용할 줄 안다

비난보다 강한 것은 칭찬이다. 칭찬 받을 행동을 한 순간, 타이밍을 놓치지 않고 다가간다.

7. 조련사는 가장 쉬운 동작부터 조련을 시작한다

언제든지 걸음마부터 시작하라. 기본적인 것부터 시작해 점차 난이도를 높인다.

8. 조련사는 한 템포를 늦출 줄 안다

부정적인 반응보다 더 뛰어난 것은 무반응이다. 마음에 들지 않을 때 애써서 무시하라.

9. 조련사는 하던 것을 막기보다 새로운 것을 가르친다

고치고 싶은 버릇을 금지하기보다 방향을 틀어준다. 시선을 바꾸어 주어라.

10. 조련사는 못된 버릇을 발견했을 때는 주의 깊게 살핀다

위험한 행동신호를 발견하면 즉시 조치를 취한다. 다음 사태를 미리 대비할 줄 알아야 한다.

마지막으로 이것만큼은 놓치지 말아라. 훌륭한 조련사는 그 동물의 신체적 구조, 본능적 성향 및 습성, 강점과 약점을 철저히 연구해서 그 동물이 해낼 수 있는 것과 없는 것을 이해하고, 그 동물이 해낼 수 없는 것을 요구하지 않는다는 사실이다.

너무 앞서지 말고 딱 반걸음만 앞서라

인생을 속도전에 비교하면 앞장서서 가는 사람이 유리할 것이다. 그러나 너무 앞서면 오히려 불리할 수 있다. 너무 앞서서 가면 고독한 천재가 되거나 시대와 어울리지 못하는 불운의 주인공이 되기 쉽다. 그래서 경쟁력 우위를 확보하는 사람들은 늘 반걸음 앞서 간다.

제품을 개발할 때도 소비자보다 반걸음 앞서 나가야 성공할 수 있다. 한 걸음 앞선 제품을 내놓아 실패한 사례는 수없이 많다. 투자를 할 때도 반보 앞서야 성공한다. 너무 앞서서 투자하면 기다리는 시간이 길어서 수익을 얻기 힘들다. 음악을 할 때도 반걸음 앞서 나가야 대중들의 호응을 얻을 수 있다.

사실 가슴에 열정과 야망을 품고 있는 나이에는 뒤나 옆을 돌아보며 누군가와 호흡 맞추기가 힘들다. 머릿속에 떠오르는 아이디어를 조금이라도 먼저 적용해 보고 싶고, 빨리 결과를 보고 싶은 마음에 앞으로만 달리고 싶다. 그러나 인생을 조금 살아본 사람들은 이구동성으로 말한다. "다른 사람보다 너무 튀거나 앞서 나가는 것이 오히려 장애가 될 수도 있다"고.

비즈니스 분야에서는 경쟁에서 이기기 위한 제품의 차별화 전쟁이 치열하다. 기존 제품과 무엇이 다른지 선명하게 부각시키지 못하면 시장에서 결국 살아남지 못하고 도태되어 버린다. 그러나 또한 지나친 차별화 전략은 실패의 요인이 되기도 한다. 획기적인 아이디어로 파격적인 시도를 하더라도 사람들은 앞선 제품을 받아들이기가 어렵다. 그런 경우 시장을 개척하는 역할은 하지만 쉽게 몰락으로 치달을 수 있다는 것은 알려진 상식이다.

조직에서 리더십을 발휘해야 할 때도 반보 앞서가는 지혜가 필요하다. 넘치는 열정을 주체하지 못하고 혼자서 성큼 성큼 걸어 나가면 외톨이가 되기 쉽다. 다른 사람보다 앞서되 반보만 앞서도 주목받는 존재가 된다.

반보 앞서기 위해서는 열정을 이성적으로 제어하는 법도 배워야 한다. 열정은 일을 해나가고 추진하는 데 커다란 동력을 제공하지만, 제어되지 않은 열정은 자칫 일을 잘못된 방향으로 이끌 수도 있기 때문이다. 뜨거운 열정에 이성적인 제어를 곁들여 균형감각을 갖출 필요가 있다.

이를 실행하기가 쉬운 일은 아니다. 세상이 나의 열정을 이해하지 못하는 것 같아 화가 나기도 한다. 사람들이 모두 혁신적인 변화에는 관심 없고 보수적으로 기존의 관행만 따르는 것 같아 답답할 때도 있다. 그러나 사람들과 호흡을 맞추는 법, 고객과 호흡을 맞추는 법, 조직에서 호흡을 맞추는 법을 아는 것도 능력이다. 다시 말하면 뜨거운 열정으로 문제에 부딪치되 열정을 이성적으로 통제하

며, 실행할 때는 한 걸음이 아니라 딱 반걸음만 앞서는 것이다. 이것이 모든 일에 경쟁력을 갖추는 지름길이다.

세상의 모든 것은 여전히 미완성임을 기억하라

아들이 과제물로 에세이를 쓰느라 힘들어 하던 때가 있었다. 기존에 나왔던 에세이들하고 변별력을 가질 수 있도록 새로운 시각에서 접근해야 하는데 그것이 힘들다고 투덜댔다. 나도 원고를 쓰거나 뭔가를 기획할 때 비슷한 생각을 많이 한다. '하늘 아래 새로운 것은 없다'라는 말에 공감하고 싶기도 한다.

유사 이래로 너무나 많은 내용이 발견되고 발명되어 거대한 문명의 탑이 완성되었다. 위대한 천재들이 멋진 작품들을 내놓아 범인들의 기를 죽이고 있다. 광고를 보면서도 내가 미처 생각하지 못하는 부분을 표현해 내는 그 창의적인 사고에 질투가 난다.

책을 읽을 때도 놀랍기는 마찬가지다. 세상을 이런 시각으로 볼 수도 있고, 사랑과 슬픔을 이렇게 표현할 수도 있구나 하면서 미처 그런 생각을 하지 못했던 자신을 한탄하기도 한다. 그리고 과연 이 세상에서 내가 할 일이 있기는 한 것일까, 새로운 무엇인가를 상상하고 발견한다는 것이 가능한 일일까 하는 생각이 든다. 미국의 유명한 연설가 링컨 스테펀스는 이런 말을 했다.

"아무것도 끝난 것은 없다. 세상의 모든 것은 여전히 미완성인 채로 남아 있다. 가장 위대한 그림은 아직 그려지지 않았고, 가장 위대한 희곡도 아직 쓰이지 않았으며, 가장 위대한 시도 아직 읊어지지 않았다. 세상에 완벽한 철로란 없으며, 가장 훌륭한 정부나 건전한 법도 존재하지 않는다.

물리학, 수학 특히 가장 발전된 정밀과학도 여전히 기본적인 수정을 거듭하고 있다. 화학은 이제야 막 과학이 되고 있고, 심리학 경제학 사회학은 '다윈'을 기다리고 있으며, 그 연구는 또 다시 '아인슈타인'을 기다리고 있다.

만일 대학 응원단 친구들이 이 이야기를 듣는다면, 그들은 축구 시합에서나 파티에서, 그리고 따지 못한 학점에 대해서도 최고가 되려는 생각을 포기할지 모르겠다. 그러나 그들이 이 이야기를 듣지 못한다면, 그들은 이미 세상에 알려진 것만 배우라는 말을 듣게 될 것이다. 그런 건 아무것도 아닌데……."

그가 80여년도 전에 썼던 이 글이 아직도 큰 울림으로 다가오는 건 그의 고백처럼 '아무것도 끝난 것이 없어서' 일 것이다. 아무것도 끝난 것이 없는 세상에서 우리는 열심히 일을 하고 있고 어떤 결과를 내기 위해 노력 중이다.

좋아하는 일이 가장 잘하는 일이다

머리가 뛰어난 사람은 부지런한 사람을 못 당한다. 부지런한 사람은 좋아서 하는 사람을 이길 수 없다. 사람마다 유전자가 다르듯 좋아하는 일에 대한 감각도 다르다. 좋아하는 일을 하는 사람은 순수한 열정으로 일한다. 그리고 그에 따른 행복이 보상으로 주어진다.

자신의 모든 것을 걸 수 있을 정도로 좋아하는 일을 찾는다면 성공은 이미 예약한 것이나 다름없다. 그런 사람은 성취동기가 강하고 꿈과 비전이 높다. 눈만 뜨면 생각날 정도로 재미있고 흥미 있는데, 어찌 잘되지 않을 수가 있겠는가. 좋아하지도 않는 일을 다른 사람이 시켜서 억지로 한다면 아무리 많은 돈을 벌어도 인생이 무의미하게 느껴질 것이다. 일단 좋아하는 일을 찾으면 그 다음은 쉽다. 그 일에 모든 에너지와 열정을 쏟아 부으면 된다.

자신이 좋아하는 일을 찾은 사람은 방향을 잃지 않고 목적을 향해 나아갈 수 있으며, 흔들리더라도 제자리로 돌아올 수 있다. 진로를 결정할 때 가능하면 일찍 자신이 좋아하는 것에 눈을 뜨는 것이 좋다.

딱히 좋아하는 것도 없고 잘하는 것도 없는데 어떻게 해야 하느냐고 하소연하는 사람도 있다. 그런 사람들은 대부분 정말로 좋아하는 일이 없기보다는 자신이 무엇을 좋아하는지 생각해 볼 기회가 없었던 사람이다. 어릴 때부터 다양한 경험을 통해서 가장 재미있는 일이 무엇인지 스스로 터득해야 한다. 부모는 자식과의 대화를 통해 자극을 줄 필요가 있다. 진로에 대한 생각 없이 학교와 학원을 오가며 공부에만 매달려 있다 보면 자신이 무엇을 좋아하는지 알아낼 기회를 얻지 못한다. 학생들을 만나며 항상 안타깝게 느껴지는 부분이다.

청소년 시절에는 열린 마음으로 많은 것들을 경험해야 한다. 그러면서 무엇을 진정으로 좋아하는지, 즐길 수 있는지를 생각해 봐야 한다. 좋아하는 일은 자신감을 갖고 잘할 수 있는 일이기도 하다. 누구나 잘하는 것이 한 가지 쯤은 반드시 있기 마련이다. 여러 가지도 필요 없다. 목숨 걸고 해볼 만한 일 딱 한 가지면 그것으로 족하다.

열정의 화신이라 할 수 있는 스티브 잡스는 스탠포드 대학의 졸업식 축사에서 이런 말을 했다.

"여러분도 열정을 느끼는 걸 찾아야만 합니다. 그건 연애뿐만 아니라 일에도 적용됩니다. 아직 찾지 못했다면 계속해서 둘러봐야만 합니다."

스티브 잡스뿐 아니라 성공한 사람들의 공통점을 보면 모두 뜨거운 열정을 갖고 있었다는 점이다. 그들은 자신이 하는 일에 대한 열정으로 똘똘 뭉친 사람들이고 하루에 몇 시간밖에 자지 못하면서도 전혀 지치지 않고 자신의 일에 몰두한 사람들이다.

자신의 일에 열정을 가진 사람은 확신과 신념이 있어서 어떤 어려움이 있어도 결코 포기하지 않는다. 환경이나 조건이 그들을 방해하면 할수록 그들의 심장은 더욱 힘차게 뛰고 더욱 뜨거운 열정으로 불타오른다. 그래서 좋아하는 일을 하는 사람의 열정은 불가능을 가능으로 만들어주는 미다스의 손이다.

더 이상 물러날 길이 없다는 마음으로 임하라

나는 동물들의 생활상을 보여주는 다큐멘터리를 즐겨 본다. 그 중에 특히 사자가 사냥할 때의 습관이 인상적이다. 사자가 사냥할 때는 일정한 패턴이 있다. 그 패턴을 분석해 보면 고양이과 동물인 사자가 백수의 왕이 되는 이유를 알 수 있다. 그것을 우리 생활에 적용시키면 많은 도움이 될 것 같다.

사자는 먹이를 사냥할 때 제일 먼저 천지가 진동하도록 포효한다. 그러면 사냥감들은 반쯤 혼이 빠지고 만다. 사자는 심리전으로 기선을 제압할 줄 안다. 산천초목이 떨 때 사냥감들도 함께 떨게 된다. 기 싸움에서 성공을 거두고 나면 나머지는 식은 죽 먹기다. 이것이 기선제압의 법칙이다.

다음에는 번개같이 달려 나가 앞발톱으로 한 방 때리면 완전히 정신을 못 차리는 상태가 된다. 상대방이 손 쓸 틈이나 도망갈 겨를을 주지 않는다. 전광석화처럼 덤벼든다. 한 순간에 상대방을 무너뜨린다. 이것은 선제공격의 법칙이다.

그리고 마지막에는 반드시 목덜미를 물어뜯는다. 그러면 덩치가 두세 배쯤 큰 짐승도 그냥 고꾸라지고 만다. 모든 싸움에는 공격목표가 뚜렷해야 한다. 그러면 힘을 많이 쓸 필요가 없다. 가장 적은 에너지로 가장 큰 효과를 발휘하는 포인트를 잘 찾아내는 것, 이것이 핵심공략의 법칙이다.

사자의 '사냥 법칙'은 학습이나 토론이나 협상 등 모든 행위에 적용된다. 특히 협상을 통해 원하는 조건을 관철시키기 위해서는 위의 3가지 법칙을 잘 활용하면 된다. 사자는 먹이 사냥에 실패하면 굶어죽을 수밖에 없다. 그렇기에 마치 배수진이라도 친 듯 약한 사슴 한 마리를 잡는 데도 최선을 다한다. 모든 일을 할 때 사자가 사냥을 하는 각오로 한다면 하지 못할 일이 없다.

그런 면에서 나는 젊은이들에게 《삼국지》 일독을 권한다. 《삼국지》에는 삶에 도움이 되는 전략과 전술이 들어 있다. 특히 많이 알

려진 '배수진'에 관한 내용은 내가 어려움에 처할 때마다 다시 펼쳐보곤 한다. 배수진은 강이나 바다를 등에 지고 진을 치는 전략으로 한나라의 한신이 조나라의 군사를 물리치기 위해서 사용했다.

퇴로를 확보하지 않은 상태에서 전투를 벌이는 것은 어리석기 짝이 없는 행위다. 그러나 한신은 자신의 군사들에게 강을 등지고 있어서 더 이상 물러설 길이 없다는 것을 보여주었다. 최선을 다해 싸워 승리하지 않으면 살아 돌아갈 수 없다는 것을 강조했다. 결국 한신의 배수진 전략은 맞아 떨어졌고 조나라의 군사를 물리치고 승리를 쟁취하였다.

더 이상 물러날 곳이 없다는 절박함이야말로 승리의 원동력이다.

성공과 실패의 차이는 2%이다

아무리 노력해도 발전이 없다고 생각될 때가 있다. 누구나 그런 경험을 한다. 아들이 영어공부를 하면서 이런 말을 종종 했다.

"매일 영어 공부를 하는데 전혀 실력이 늘지 않아 답답해서 미치겠어요."

아무리 노력해도 실력이 늘지 않으면 '머리가 나쁜 것은 아닐까' 혹은 '재능이 없는 것은 아닐까' 하는 생각을 할 수 있다.

임계질량의 법칙이 있다. 질적인 변화가 일어나기 위해서는 일정한 양의 축적이 필요하다는 법칙이다. 수소폭탄이 폭발하기 위해서는 일정한 양의 중성자가 필요하고, 물이 끓기 위해서는 섭씨 100도의 온도가 필요하다. 어느 순간까지는 아무런 변화가 없다가 일정한 조건인 임계치에 도달하면 질적인 변화가 일어난다는 의미이다.

외국어 공부도 마찬가지이다. 아무리 열심히 들어도 그저 의미 없는 소리로만 들리다가 어느 순간 귀가 뻥 뚫리면서 소리가 의미로 다가오기 시작하는 것이다. 캐나다에 이민 갔던 어떤 사람은 3년

넘게 죽어라 영어 공부를 해도 소리가 들리지 않더니, 어느 날 무심코 버스를 타고 가는데 갑자기 옆사람들이 떠드는 소리가 들렸다고 한다. 사람들은 언제 그 임계치에 도달할지 모르기 때문에 절망하기도 하고, 포기하기도 한다. 내가 이전에 쓴 책《아들아, 1미터만 더 파보렴》도 비슷한 의미를 담고 있다. 조금만 더 파보면 보물이 묻혀 있는데, 사람들은 그것을 알지 못하고 포기해 버린다.

성공하는 사람과 그렇지 못한 사람의 차이는 그 마지막 순간을 견디며 도전했다는 것과 마지막 순간에 포기해 버렸다는 것의 차이일지도 모른다. 마지막 2%를 채우면 되는데, 대부분의 사람들은 그 2%를 채우지 못하는 것이다.

'2% 부족할 때' 가 CF로 등장할 때만 해도 왜 하필 2%가 부족한지 생뚱맞아 하는 이들이 많았다. 하지만 광고의 핵심은 숫자가 아니라 모자람에 있었다. 모자람에 '하나를' 더 얹기만 하면 가득 채워진다는 의미의 카피인 셈이다. 그래서 2%는 '임계에너지' 를 넘을 수 있게 하는 상징이 되고, 다음 단계로 질적 도약을 할 수 있는 마지막 힘을 의미하기도 한다.

사람은 누구나 비슷한 잠재력을 갖고 있지만, 아직까지 2%를 채우지 못해 잠재력이 밖으로 드러나지 않는 사람들이 있다. 자신의 잠재력을 믿고 마지막 2%를 채워 넣는 사람만이 질적인 변화와 함께 폭발적인 에너지를 발휘할 수 있다. 임계치에 도달할 때까지 포기하지 않고 매달리는 것이 성공으로 가는 길이다.

항상 새로운 것을 배워라

옛날 어르신들 중에는 글을 읽지 못하는 이들이 많았다. 이웃집 할머니는 서울에 사는 아들한테서 편지가 오면 중학생인 내게 대신 읽어달라고 찾아오시곤 하셨다. 어렵던 시절에 학교에 다니지 못하고 글을 배울 기회가 없어서 글자를 터득하지 못했던 것이다. 당시에는 그렇게 읽지도 쓰지도 못하는 사람들을 문맹이라고 했다. 그러나 첨단정보화 사회에서 문맹은 그 개념이 달라졌다. 미래학자 앨빈 토플러는 이런 말을 했다.

"21세기 문맹은 읽고 쓸 줄 모르는 사람이 아니다. 배운 것을 잊고 새로운 것을 배울 수 없는 사람이다."

우리 아버지 세대만 해도 학교에서 배운 지식은 평생 먹고사는 데 별 지장이 없었다. 그러나 지금은 그런 시대가 아니다. 낡은 지식을 붙잡고 새로운 지식을 배우려 하지 않는 사람은 문맹 취급을 받는다. 세상은 빠르게 변하고 있는데 과거에 배운 지식이 바닥나도록 우려먹으면서 큰소리치는 사람들이 의외로 많다. 그런 사람들은 자신들이 학교에서 얼마나 공부를 잘했는지 자랑하고, 자신

이 어떤 대학을 나왔는지 강조하고, 경험이 얼마나 풍부한지 떠벌린다.

그러나 배우기를 멈춘 사람은 나이에 상관없이 늙은 사람이고, 끊임없이 배우는 사람은 나이와 상관없이 언제나 젊은 사람이다. 항상 반짝이는 호기심을 갖고 새로운 지식 쌓기를 멈춰서는 안 된다. 나이가 들면 세상의 변화를 따라가기가 두려워진다. 새로운 지식에 대한 수용보다는 자신이 가진 사고방식과 지식을 지키고 싶어 한다. 그래서 보수적이고 완고한 성향을 보이는 것인지도 모른다.

나도 그런 경험을 많이 했다. 갑자기 컴퓨터를 배워야 하고, 컴퓨터로 원고를 작성해야만 했을 때는 신기하기도 했지만 진땀이 났다. 힘들여 썼던 원고를 키보드 조작 미숙으로 한꺼번에 날려버리기도 했다. 인터넷이라는 새로운 세상을 만났을 때도 무척이나 당혹스러웠다. 지금까지 해오던 것과 전혀 다른 시스템을 배우고 적응하는 것은 쉬운 일이 아니다. 그래서 나는 스스로 이런 부분에 대해 가장 경계의식을 가진다. 두렵거나 힘들다고 배우지 않으면 21세기 문맹으로 남을 수밖에 없다.

하루에 30분 이상은 책을 읽고 밑줄 그어 읽어라. 책 한 권에는 지은이의 두뇌에 담긴 지식이 몽땅 담겨 있다. 책 한 권을 읽음으로써 한 사람이 평생 동안 공부하고 터득한 지식을 통째로 얻을 수 있다면, 이보다 효율적인 배움의 도구는 없다.

또한 사람들의 이야기에 귀를 기울여라. 호기심을 갖고 다른 사람의 이야기에 귀를 기울이면 정말 많은 것을 배울 수 있다. 한 사람의 이야기에는 그 사람이 살아오면서 터득한 노하우와 지식이 담겨 있다. 요즘 사람들이 무슨 생각을 하는지 알고 싶다면 택시 운전기사의 이야기를 들어보라는 말도 있다. 택시 운전기사만큼 많은 사람들을 만나고 이야기를 듣는 사람이 없어서이다.

귀와 눈을 활짝 열어서 항상 새로운 것을 배울 준비가 되어 있어야 한다.

마감시간을 정해 놓고 일하라

영어에서 제일 많이 쓰이는 명사가 무엇일까. 영국 옥스퍼드대 출판부가 10억 단어 분량 영문 데이터베이스를 분석한 결과 'time'이 1위였다. 시간을 가리키는 year(3위), day(5위), week(17위)도 상위권에 올랐다. 이렇게 빈도수가 높지만 정작 시간이 뭐냐고 물으면 제대로 대답하는 사람이 드물다.

시간을 환경으로 보는 이도 있고 인간이 차고 있는 족쇄로 풀이한 이도 있다. 그렇지만 나는 시간을 자원이라고 표현한 피터 드러커의 의견에 공감한다. 그가 언급하는 시간의 의미는 이런 것이다.

"시간은 다른 자원과는 달리 한정되어 있다. 시간은 빌릴 수도, 고용할 수도, 구매할 수도, 혹은 다른 사람보다 더 많이 소유할 수도 없다. 시간의 공급은 완전히 비탄력적이다. 아무리 소유가 많아져도 시간의 공급은 늘릴 수 없다. 시간에는 가격도 없고 한계효용곡선이라는 것도 없다. 게다가 시간은 철저하게 소멸되는 것으로서 저장될 수도 없다. 어제의 시간은 영원히 지나가버리고 결코 되돌아오지 않는다. 그러므로 시간은 언제나 심각한 공급 부족 상태이다. 시간은 대체불가능하다. 다른 자원도 한계가 있긴 하지만 대체할 수는 있다. 예를 들면, 알루미늄 대신에 구리를 사용할 수 있다. 인간의 노동을 자본으로 대체할 수도 있다. 육체노동을 지식노동으로 대체할 수 있고 그 반대도 가능하다. 그러나 시간만은 다른 무엇으로도 대체할 수 없다."

세상 살아가는 사람 누구에게나 공평하게 주어지는 것이 시간이

다. 아무리 돈이 많아도 더 이상 늘릴 수도 빌릴 수도 없는 것이다. 그렇다면 유한한 자원을 무한자원으로 끌어올릴 수 있는 방법은 무엇일까? 시간을 잘 활용하는 사람과 그렇지 않은 사람을 비교하면 답이 나온다.

동일한 24시간이지만 어떤 사람은 24시간 안에 자신이 계획한 일을 모두 처리하여 시간이 없다는 변명을 늘어놓지 않는다. 반면에 어떤 사람은 시간에 쫓기며 시간이 없어서 할 일을 제대로 하지 못했다고 투덜거린다. 그 차이점은 뭘까?

한정된 자원인 시간을 마음대로 조종하는 사람을 살펴보면 철저하게 계획하고, 그 계획 속에서 움직인다. 그러나 시간이 없다고 탓하는 사람을 살펴보면 시간을 어떻게 보내야 할지 계산하지 않아

항상 허둥지둥한다.

어떤 일이든 마감을 정해 놓으면 기발한 아이디어와 놀라운 집중력이 생기고 짧은 시간 안에 많은 일을 처리할 수 있다. 이것이 바로 마감효과다. 원고를 자주 써야 하는 나도 마감을 정해 놓았을 때 글이 술술 풀리는 경험을 한다. 시간이 넉넉하게 주어지면 훨씬 많은 생각이 떠오르고 좋은 글이 나올 것이라고 생각하지만, 오히려 마감 시간을 정해 놓았을 때 짧은 시간 안에 더 좋은 글을 쓸 수 있다.

이렇게 시간과 목표를 정해 놓고, 그 시간 안에 달성하기 위해 노력하다 보면 시간 관리의 달인이 된다. 내가 제일 싫어하는 말이 바로 '시간이 없어서 하지 못했다' 는 것이다. 시간이 없어서가 아니라 '하고 싶은 마음이 없어서 못했다' 라고 이야기해야 하는데, 사람들은 흔히 시간이 없어서라고 이야기한다. 인간의 삶이란 운명을 다하는 날까지 마감 시간을 앞두고 펼치는 경주나 마찬가지다. 성공 여부는 시간 관리 여하에 달려 있다.

성공한 사람들에게는 조급함과 나태함이 없다. 일을 미루는 습관이 만들어낸 벼락치기는 전혀 효율적인 방법이 아니다.

시간을 계획적으로 잘 활용하는 사람은 벼락치기를 하지 않고 무슨 일이든 차근차근하게 한다. 중요한 일의 순위를 정해 집중력을 높인다. 주변의 유혹에 흔들려 시간을 낭비하다 보면 결국은 벼락치기를 하게 되고 한 번 벼락치기를 한 사람은 쉽게 그 유혹에서 벗어나지 못한다.

미국 매사추세츠 대학 데이비드 포스터 박사 팀의 재미난 실험이 하나 있다. 생쥐들이 미로에서 움직이다 맛있는 먹이를 찾은 다음, 쉬면서 먹을 때 뇌를 촬영해 보았다. 그 결과 뇌의 신경세포들이 먹이를 탐색하는 동안 반응했던 순서와 반대로 활동한다는 점이 확인되었다. 이 반응은 마치 비디오테이프의 되감기처럼 순식간에 일어났다. 무슨 말일까? 사람의 경우로 빗대면 열심히 공부하다 잠시 차를 마시며 쉴 때가 그동안의 지식을 정리하는 중요한 시간이 될 수 있다는 것이다.

효과도 없는 벼락치기와 족집게 과외로 날밤을 새고 죽기 살기로 덤벼드는 것은 지식의 축적에 효과가 없다는 것이 과학적으로 증명된 셈이다. '공부를 노는 것처럼, 노는 것을 공부처럼' 또는 '일하는 것을 놀듯이, 노는 것을 일하듯이' 그러면 인생은 언제나 여유만만이다.

30분 일찍 움직이면 삶이 여유 있다

나도 젊었을 때는 아침 일찍 일어나지 못하고 꽤나 게으름을 피웠던 사람이다. 그러던 어느 날 가나안 농군학교로 교육을 받으러 간 적이 있다. 그때 고 김용기 장로님이 이런 이야기를 하셨다.

"우리 가나안 농군학교에는 돌 하나도 누워 있지 않습니다."

주위를 둘러보니 모든 돌을 다 세워져 있었다. 그 이유를 물었더니 이런 답이 들려왔다.

"돌도 게으르면 안 되기 때문이지요."

나는 말로 표현하기 어려운 충격을 받았다. 우리는 훈련받는 내내 식사 시간마다 이런 구호를 외쳐야 했다.

"일하기 싫거든 먹지도 마라."

그때부터 게으름과 작별하며 아침형 인간이 되었다. 그 이후 내 인생은 백팔십도 바뀌었다. 단지 새벽에 일어났을 뿐인데 인생이 바뀌었다니 과장처럼 들릴지 모르겠다. 새벽에 일어나니까 마땅히 할 일이 없어서 자연스럽게 책을 읽고 공부하게 되었고 글도 쓰게 되었다. 그러면서 내 삶에 대한 목표가 뚜렷하게 각인되기 시작했다.

어쩌다 늦게 일어나면 그날 하루를 망친 것 같아 기분이 좋지 않다. 허둥지둥 버스 정류장에 갔는데 타야 할 버스가 빨리 오지 않아 화가 난다. 화를 꾹 누르고 탄 버스에서는 너무나 많은 사람들이 서로 밀치고 있어 짜증이 나기 마련이다. 힘들게 출근해서는 내가 매일 아침 쓰는 〈송길원의 요즘 생각〉을 써야 하는데 불쾌한 출근길로 인해 좋은 아이템도 생각나지 않는다. 약속 시간도 뒤죽박죽이 되면서 그날 하루는 엉망진창이 된다. 무엇이든지 미리 준비하지 않으면 불안해지는 나 같은 성격의 사람에게는 힘든 하루가 될 수밖에 없다. 그래서 아무리 피곤해도 늦잠 자는 일이 없으며, 아침에 일찍 일어나는 습관은 변함없이 지키고 있다.

한동안 아침에 일찍 일어나야 성공적인 삶을 살 수 있다는 '아침형 인간'이 선풍적인 인기를 끌면서 너도나도 아침에 일찍 일어나는 것이 유행처럼 번졌었다. 참으로 좋은 현상이라고 생각하면서 만나는 사람마다 아침형 인간이 되면 삶이 얼마나 활기차게 변하고 행복해지는지를 열심히 설명한 적이 있다.

어떤 사람은 충고를 받아들여 아침에 일찍 일어나는 습관을 들인 사람도 있고, 어떤 사람은 처음에는 시도해 보다가 다시 본래대로 돌아간 사람도 있다. 후자의 사람은 아침에 일찍 일어남으로 인해 신체 리듬이 바뀌고 하루 종일 피곤한 상태로 지내는 것보다 그냥 자연스럽게 일어나는 것이 훨씬 낫다는 주장이다.

나름대로 일리가 있는 말이라고 생각하지만 한편으로는 자신의 게으름을 합리화하는 변명으로 들린다. 평소보다 일찍 일어나면 무척 피곤할 것이라고 생각하지만, 어느 정도 시간이 지나 익숙해지면 그런 현상은 사라진다. 대신 아침형 인간이 됨으로써 생기는 많은 이점을 누릴 수 있다.

아침에 일찍 일어나면 하루를 차분하게 계획할 수 있으며, 뇌가 빠르게 움직이면서 집중이 잘 되고 머릿속이 맑아 책을 읽거나 공부하기에 좋다. 또한 새벽 운동을 하면 건강도 챙길 수 있다.

게으른 마음이 들 때 아침 일찍 거리로 나가보면 열심히 하루를 시작하는 사람들의 건강한 맥박소리를 느낄 수 있다. 새벽 버스를 타고 일터나 학교로 가는 사람들, 땀을 뻘뻘 흘리며 운동으로 활기차게 하루를 시작하는 사람들이 눈에 띈다. 생각보다 많은 사람들이 새벽을 움직이고 있다는 사실에 신선한 충격을 받는다. 열심히 일하는 사람들이 아름답게 느껴지고 이 세상이 살 만하다는 생각이 들기도 한다.

30분만 일찍 일어나라. 그러면 인생을 바꿀 수 있다. 나는 그것을 30분 효과라고 말한다. 비록 30분이지만 그 30분 동안에 정말 많은 일을 할 수 있다. 하루를 계획하고, 인생을 계획하고, 미리 준비하는 넉넉한 마음을 품을 수 있다.

기억은 믿을 수 없지만 기록은 믿을 수 있다

매일 〈송길원의 요즘 생각〉을 받아본 어떤 사람이 이런 질문을 했다.

"매일 글을 쓰는 것도 힘든 일인데 어떻게 그렇게 다양한 분야의 소재를 발굴해서 글을 풀어내는지 궁금합니다."

내 나름의 비법이 있다. 평소에 책을 밑줄 그어가며 열심히 읽어 나감으로써 밑천이 바닥나지 않도록 신경 쓴다는 점도 있지만, 그보다는 언제나 메모지와 펜을 들고 다니며 열심히 메모한 자료가 글을 쓰는 데 많이 활용되고 있다.

나 자신의 경쟁력은 메모에 있다고 자신 있게 이야기할 수 있다. 나를 가까이에서 지켜본 사람들은 내가 얼마나 메모에 집착하는지 잘 안다. 눈앞에 마땅한 메모지가 없다면 명함이나 식당 냅킨 등 어디에나 메모를 해놓는다. 나중에 옮겨 적더라도 일단 떠오르는 아이디어가 머릿속에서 사라지기 전에 기록해 놓는 것이다.

오래 전에 기발한 아이디어가 떠올랐는데 잊어버렸던 적이 있었다. 몇 날 며칠을 기억해 내려고 애썼지만 결국 기억하지 못해 얼마나 억울했는지 모른다. 그날 이후부터 나는 메모광이 됐다. 하다 못해 욕실에서 비누칠을 하다가도 아이디어가 떠오르면 뛰어나와 메모할 정도다. 아내가 온 방에 비누거품을 흘리고 다닌다고 짜증을 내지만 나는 아랑곳하지 않는다. 비누거품은 걸레로 닦으면 되지만 바람처럼 사라지는 아이디어는 붙잡기 힘들다. 그렇게 사라진 아이디어가 세상을 뒤바꿀 획기적인 착상이라면 얼마나 아쉬울까. 언젠가는 잠을 자면서 꿈속에서 너무나 괜찮은 아이디어가 떠올랐는데 깨어나 보니 내가 정말 메모를 해놓은 것을 보고 스스로 놀란 적이 있었다.

메모할 때 특별한 기술이 필요하다고 생각하는 사람도 있지만, 그렇지 않다. 그냥 생각날 때마다 낙서하듯이 가벼운 마음으로 기록하는 것이 먼저이다. 꼭 글자가 아니더라도 기호나 그림을 그려가면서 메모를 해두어도 자신이 알아볼 수 있다면 상관없다. 일단 메모의 중요성을 인식하고, 언제 어디서든지 항상 메모하는 습관을 들이는 것이 중요하다.

일정한 기간 동안 메모하는 습관이 들면 메모하는 요령도 생기고 정리하는 기술도 생긴다. 메모한 내용이 조금씩 쌓여서 일정 분량이 되면, 몇 가지 분야로 나누어 분류해 놓으면 편리하다. 분야별로 박스를 마련해서 분류해 데이터베이스로 만들면 찾아보기도 쉽다.

나는 생각날 때마다 메모하지만 하루에 일정한 시간을 내서 꼭 메모하는 습관도 갖고 있다. 혼자서 조용히 하루의 일상을 적으면서 떠오르는 아이디어를 기록해 두는 것이다. 그러다 보니 어떤 일이든지 순발력 있게 처리할 수 있는 힘이 생겼다. 메모를 함으로써 머릿속에 기억된 아이디어를 적재적소에 활용할 수 있음은 물론이고, 새로운 아이디어가 없어 답답할 때 메모장을 쭉 훑어보면 신기하게도 쉽게 해결책이 나온다.

사람의 기억력은 생각보다 길지 않다. 한 번에 받아들일 수 있는 정보의 양도 한계가 있다. '기억은 믿을 수 없지만 기록은 믿을 수 있다' 라는 말이 있다. 좋은 아이디어를 기록한 다음에 잊는다면 오히려 새로운 정보를 받아들여 창의적인 일을 하는 데 머리를 쓸 수도 있다. 이처럼 메모하는 습관은 경쟁력의 원천이 된다. 내 수첩에 첫 페이지에는 이런 글이 적혀 있다.

'적자생존' (적는 자만이 살아남는다.)

'적자 생존' (기록하자. 생존을)

부모 자식 간에는
사랑하기에 다하지 못한 말이 있습니다.
당신의 마음을 보여주세요.

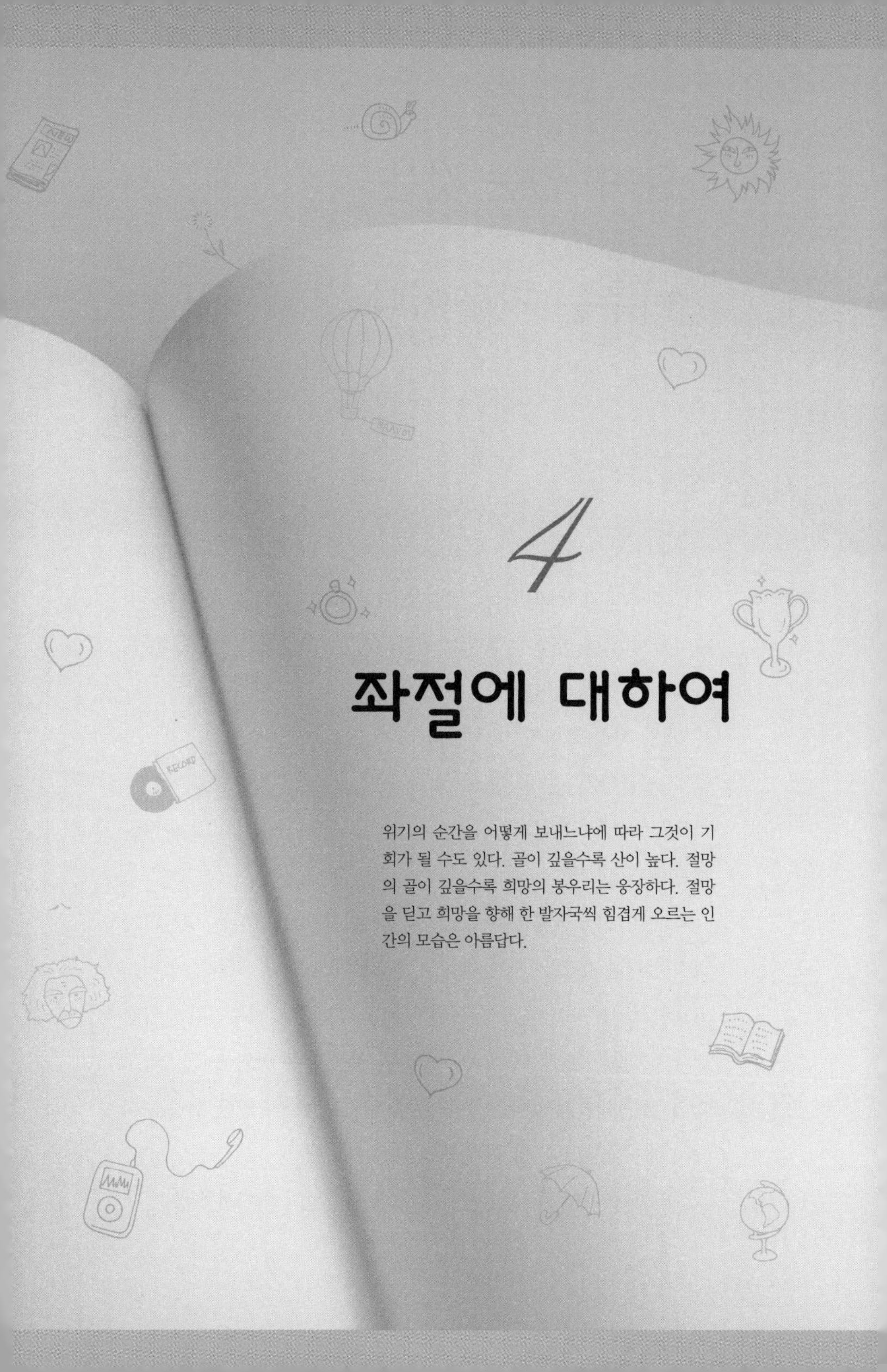

4

좌절에 대하여

위기의 순간을 어떻게 보내느냐에 따라 그것이 기회가 될 수도 있다. 골이 깊을수록 산이 높다. 절망의 골이 깊을수록 희망의 봉우리는 웅장하다. 절망을 딛고 희망을 향해 한 발자국씩 힘겹게 오르는 인간의 모습은 아름답다.

할 수 없는 것은 할 수 있는 것을 비추는 거울이다

누구나 사회에 나설 때면 진로에 대해 고민하게 된다. 나도 20대에는 진로에 대한 고민으로 밤잠을 설칠 때가 많았다. 간절한 소명의식을 갖고 목사가 되겠다고 생각했지만, 초조하고 불안한 마음을 잠재울 수가 없었다.

'내가 시골 교회에 가서 개척을 한다면 신도들을 몇 명이나 모을 수 있을까?'

'내 설교가 사람들을 감동시키고 신도들을 구름떼처럼 몰려들게 할 수 있을까?'

학교에 대한 콤플렉스도 있었다. 부산에는 손꼽히는 명문고가 있지만 나는 잘 알려지지 않은 미션스쿨에 다녔다. 사람들이 어느 고등학교에 다니느냐고 물을 때마다 그 순간을 얼버무리기에 급급했다. 학교에 대한 자부심과 자긍심이 없는 것은 당연했다. 대학도 소위 명문 대학에 입학한 것이 아니어서 학교를 졸업한 후에 사회에서 제몫을 하면서 살 수 있을지 항상 불안했다.

그러다가 어느 날 나의 이런 고민과 불안감이 어디서 왔을까 생

각해 보았다. 나를 남과 견주어보는 '비교'가 가장 큰 문제였다. 비교는 성장의 촉매가 되기도 하지만 가슴속에 담고 지내다 보면 응어리가 되어 번민을 초래한다. 학교를 비교하고, 친구들과 비교하면서 점점 더 불안하고 초조해졌던 것이다. 나는 이런 결론을 내렸다.

"학교 덕을 볼 것이 아니라 내가 유명해져서 학교가 내 덕을 보게 하면 되지."

한 순간의 생각이었다. 단지 생각의 전환이었을 뿐인데 그것은 바로 내 인생의 대전환점이 되었다. 오랜 콤플렉스에서 벗어나 나의 길을 개척해 나가기 시작했다.

이어령 교수는 "왜 모든 아이들을 한 줄로 뛰게 하는지 모르겠다. 각자 뛰게 하면 모두들 일등을 할 텐데 말이다"라는 말을 했다. 각자 재능이 다른데 그런 아이들을 한 줄로 세워놓으니 변별력도 없고 저마다의 재능을 발휘할 수 없다는 얘기이다. 다른 사람과 비교하지 말고 자신의 길을 개척해서 그 길에서 1등을 하면 된다. 나는 결국 내 장점을 살려서 많은 사람들을 모아 강의를 하였고, 명문 대학을 나오지 않았어도 사람들에게 손가락질 받지 않는 목사가 될 수 있었다. 대학교에 다닐 때 그런 각성을 하지 못했다면 오랫동안 학교 콤플렉스에서 벗어나지 못한 나약한 목사가 되지 않았을까 싶다.

고등학교를 졸업하는 자식을 바라보는 부모들의 마음은 마냥 기쁜 것만은 아니다. 어느새 훌쩍 자란 자식이 자랑스럽기도 하지만 한편으로는 걱정도 된다. 든든한 방어막이 되어준 학교를 나와 거센 파도가 몰아치는 세상의 바다를 잘 헤쳐나갈 수 있을지 조마조마한 마음이 앞선다.

청춘의 진군 앞에 거센 파도가 몰려올 것이다. 파도를 피한다고 해서 영원히 파도의 공포와 운명을 벗어날 수는 없다. 그것이 인생이다. 파도를 막을 수 없다면 '파도야! 나와 함께 날아보자' 하는 마음으로 맞이해 보라. 그러면 파도 표면을 미끄러지듯 타고 올라갈 수 있을 뿐만 아니라 짜릿한 희열도 느낄 수 있다.

몰아치는 파도와 맞서 싸우려고 하면 결코 이길 수 없다. 파도의 흔들림과 하나가 되어 파도타기를 즐겨야만 거뜬하게 파도를 넘어설 수 있다. '파도야! 와라! 내가 간다. 하나도 무섭지 않아. 도전해 보는 거야!' 라고 외쳐보자. 어떤 한계라도 극복할 용기가 생길 것이다.

자신이 선택한 진로가 불안하게 느껴진다면 이제 고민하지 말자. 남과의 비교는 고민만 증폭시킨다. 누구에게나 자신만의 길이 있고 꿈이 있다. 다른 사람의 시선에 연연하지 말고 내가 정말 잘할 수 있는 분야가 어디일까를 생각하고, 그 속에서 앞서가는 방법을 찾아야 한다. 고등학교를 졸업하는 아들을 위해 나는 이런 시를 적었다.

아무리 힘센 장사도
파도를 막을 수는 없지
하지만 파도타기를 배울 수는 있잖니

수사학과 변론에 능한 웅변가라도
새가 노래하는 것을 말릴 수는 없지
그러니 새의 노래를 즐기고 함께 노래하려무나

세상을 들었다 놓는 세도가라도
바람의 방향을 바꿀 수는 없지
하지만 돛을 준비할 수는 있잖니

세상 모든 이치를 꿰뚫은 사람이라도
물을 뒷걸음치게 할 수는 없지
그렇지만 방아를 돌려 곡식을 찧을 수는 있잖니

기억하렴
할 수 없는 것들이란
할 수 있는 것들을 비추어주는 거울이라는 것을

돌부리에 걸려 넘어지면 그 돌을 주워 성과를 만들어라

인생은 만났다가 헤어지고 헤어졌다가 만나는 과정의 연속이다. 좋은 인연은 삶의 윤활유가 되지만 나쁜 인연은 삶의 활력을 떨어뜨리기도 한다. 우리가 한평생 만나게 되는 사람들은 얼마나 될까? 그 중에서 내 마음에 쏙 들고 마음과 마음이 통하는 사람은 또 얼마나 될까. 부모들은 제 자식이 평생 동안 좋은 사람들만 만나면서 살기를 바란다. 그러나 세상에는 그런 사람만 있는 것이 아니다. 다양한 사람들을 만나 인간적인 갈등을 겪기도 할 것이다. 심한 상처를 주는 사람도 있을 것이다. 마음에 들지 않는 사람과 어쩔 수 없이 함께 오랫동안 일해야 할 수도 있다.

이럴 때 그 사람을 욕하고 미워하며 시간을 보내는 것은 스스로 어리석음을 자처하는 일이다. 타인을 향한 증오의 화살은 반드시 다시 돌아와 자신을 더 황폐하게 만든다. 타인에 대해 미움과 복수의 마음이 가득 찰 때는 그곳에서 허우적거리지 말고 빠져나와야 한다. 그리고 이 말을 기억하라.

'욕하면서 닮는다.'

다른 사람의 나쁜 모습을 욕하면서 자신도 그와 비슷한 입장이 되었을 때 같은 잘못을 되풀이하는 것을 두고 하는 말이다. 시집살이를 호되게 한 며느리가 시어머니가 되었을 때 똑같은 행동을 하거나 술버릇이 나빴던 아버지를 욕하며 자란 아들이 아버지가 되었을 때 나쁜 술버릇을 보이는 경우가 많다고 한다. 불합리하게 일을 처리하는 상사를 욕하던 사람이 나중에 상사가 되었을 때 비슷한 행동으로 부하 직원을 괴롭히기도 한다.

상처는 그 내면에 추락과 상승의 대립적 가치를 내포하고 있다. 작가 지오바니 파피니는 다음과 같은 복수 방법을 제시했다.

"내가 나 자신을 비하하길 바라는 사람들에게 복수하는 최고의 길은 더 높은 정상에 오르는 것이다."

상처를 통해 영광의 길에 이르는 방법이다. 그리고 이렇게 덧붙였다.

"내가 밑바닥에 떨어지기를 바라는 사람으로부터 어떤 자극이 없다면 나는 그렇게 높이 올라갈 수 없을 것이다. 진정으로 지혜로운 사람은 여기서 한 발 더 나아가, 손상된 명예를 발판으로 해서 자신의 초상화를 더 아름답게 다듬고, 빛 때문에 생긴 그림자를 없앤다. 질투하는 사람은 자신의 의도와는 상관없이 상대방이 자아를 완성하는 데 협력하게 된다."

돌부리에 걸려 넘어졌을 때라도 돌을 발로 차지 말고 그 돌을 주워 성곽을 쌓으라고 했다.

흔히 사람들은 상처를 받으면 그 상처에서 쉽게 벗어나지 못하고, 오랫동안 곱씹으면서 상처를 덧나게 방치한다. 상처를 받았을 때는 다른 사람을 원망하고 탓하기에 앞서 내가 더 나은 사람이 되어야 한다. 그것이 나에게 상처를 준 이들에 대한 최대의 복수이다. 또한 나를 외톨이로 만들었던 이들에게 최대 복수는 내가 누군가에게 좋은 친구가 되는 것이다. 나를 외면했던 이들에게 베풂으로써 그들보다 더 우위에 설 수 있다. 결국 가해자에 대한 최고의 보복은 그를 닮지 않는 것이다.

영국의 국가 대표 스케이트 선수였던 로빈 커즌즈는 더 나은 기술을 습득하기 위해 미국으로 유학을 갔다. 그는 자신만만하게 첫 걸음을 내딛었지만 그의 경기를 지켜보던 코치는 모진 이야기를 했다.

"실력이 형편없구나. 더군다나 내 눈에는 발전 가능성도 없어 보인다. 일찌감치 포기하고 돌아가거라."

자존심이 상할 대로 상한 로빈에게 코치가 다시 물었다.

"최고의 스케이트 선수가 되고 싶니?"

"당연하죠!"

"최고의 스케이터가 되겠다는 녀석이 왜 넘어지지 않으려고 하니? 그렇게 몸을 사리면서 어떻게 최고가 될 수 있겠어?"

넘어지지 않고는 훌륭한 선수가 될 수 없다. 모든 스포츠 선수들이 가장 먼저 배우는 것도 잘 넘어지는 법이다. 스키를 탈 때도 보드를 배울 때도 넘어지는 법을 먼저 배운다. 권투 선수는 맞는 법부터 배우고 유도 선수는 떨어지는 법부터 배운다. 잘 넘어지고, 잘 맞고, 잘 떨어져야 훌륭한 선수로 성장할 수 있다. 실수하는 사람은 실수하지 않는 사람보다 빨리 배우고, 깊게 배우고, 쉽게 적응한다. 실수를 두려워하지 말고 실수하지 않으려는 자신을 경계해야 한다.

언젠가 아들이 교수님과 친구들 앞에서 자신이 준비한 과제를 발표할 때 실수를 했다며 속상해 했다. 나도 언제나 꼼꼼하게 준비하려고 하는 완벽주의자라서 아들의 마음을 충분히 이해할 수 있었다.

사람들은 누구나 다른 사람들 앞에서 완벽한 모습을 보이고 싶어 한다. 자신의 부족함과 단점이 드러나거나 실수하는 모습을 보이면 창피하고 낯이 뜨겁다. 실수하지 않으려고 애쓰는 아들의 모습이 대견하긴 하지만, 실수를 두려워해서는 발전이 없을 것이다.

완벽주의에 사로잡히면 새로운 일을 시도하지 못한다. 실패 가능성이 조금이라도 보이면 시도조차 하지 않으려고 한다. 인간이기에 실수하고 실패하는 것이다. 실수를 통해서 성공의 길로 한 발짝 더 나아갈 수 있다.

완벽주의자의 마음 안에는 일에 성공했을 때만 존재가치가 있다는 생각이 도사리고 있다. 실패하면 자신을 가치 없는 존재로 여기고 낙담한다. 그래서 자신의 가치를 입증할 수 없는 일은 하지 않으려 한다. 일을 하고 욕을 먹느니 차라리 하지 않고 조용히 있는 것이 낫다는 생각을 할 수도 있다.

청춘기에는 좌절과 시련을 그림자처럼 안고 살아야 한다. 그것은 성공을 보장하는 영광의 상처이기 때문이다.

절망의 순간은 소낙비처럼 지나간다

둘째아들이 공부를 열심히 했는데도 기대한 만큼 성적이 나오지 않자 이런 말을 했다.

"저는 형에 비해 공부에 재능이 없는 것 같아요."

얼마나 힘들면 그런 말을 할까 싶어 안쓰러웠다. 어떤 위치에 있더라도 인생 구비마다 시련을 겪는다. 시련과 절망은 더 나아지는 삶을 위한 통과의례다. 도저히 헤어날 수 없을 것 같은 절망의 순간도 지나가기 마련이다. 나도 한때 절망의 순간이 있었다. 그러나 그 깊은 절망의 순간도 어김없이 지나갔다.

다윗 왕과 관련된 이야기가 있다. 어느 날 다윗 왕이 궁중의 세공인에게 명령했다.

"나를 위해 아름다운 반지를 하나 만들라. 반지에는 내가 큰 승리를 거둬 기쁨을 억제치 못할 때, 그것을 조절할 수 있는 글귀를 새기도록 하라. 또한 그 글귀는 내가 큰 절망에 빠졌을 때는 용기를 줄 수 있는 글귀여야 하느니라."

세공인은 명령대로 아름다운 반지를 만들었지만, 어떤 글을 새겨야 할지 몰라 고민에 빠지고 말았다. 그는 지혜롭다는 솔로몬 왕자에게 찾아가서 도움을 청하였다.

"왕자님, 왕의 큰 기쁨을 절제케 하는 동시에 크게 절망했을 때는 용기를 줄 수 있는 글귀라면 어떤 것이 있을까요?"

솔로몬 왕자가 말했다.

"이 글귀를 넣으시오. 이것 또한 곧 지나가리라 Soon it shall also come to pass."

그게 무슨 의미냐고 묻는 세공인에게 왕자는 이렇게 덧붙였다.

"승리에 도취한 순간에 왕이 그 글귀를 보면 자만심은 곧 가라앉을 것이고, 절망 중에 그 글을 보게 되면 이내 큰 용기를 얻을 것이오."

승리의 순간이든 절망의 순간이든 희비의 느낌은 시간의 연속성 앞에서 어김없이 지나가버린다. 위기의 순간을 어떻게 보내느냐에 따라 그것이 기회가 될 수도 있다. 골이 깊을수록 산이 높다. 절망의 골이 깊을수록 희망의 봉우리는 웅장하다. 절망을 딛고 희망을 향해 한 발자국씩 힘겹게 오르는 인간의 모습은 아름답다.

외국으로 유학을 떠나 박사 과정을 밟고 있었던 학생이 있었다. 그런데 그 나라는 외국 학생의 경우 지도 교수가 사인을 해주어야 비자를 연장할 수 있었다. 당연히 사인을 받을 수 있으리라고 생각했는데, 교수가 공부도 열심히 하지 않고 몇 년째 논문도 쓰지 않고 있으니 사인을 해줄 수 없다고 했다. 그 학생은 억울하고 절망스러웠다. 그러나 다시 마음을 다잡고 교수에게 자신이 얼마나 열심히 공부했는지를 설득해서 비자를 연장할 수 있었다. 결국 그는

자존심이 무척 상해 억척스럽게 공부해서 1년 만에 박사 논문을 끝낼 수 있었다.

교수를 찾아가서 비자에 사인해 주지 않았을 때는 절망스러워서 죽으려고 했다고 토로하자, 교수는 그것이 자신의 교육방법이라고 설명했다고 한다. 만약 그때 자극을 받지 않았다면 지금까지도 수업을 들으며 논문을 끝내지 못했을 것이라 생각하니 그 교수가 존경스러웠다고 한다.

만약 그 학생이 절망한 나머지 자포자기하고 귀국했더라면 박사 학위라는 달콤한 열매를 따기 어려웠을 것이다. 그는 절망의 순간을 오히려 기회로 삼아 열심히 노력하였고, 결국 승리자가 되었다. 절망은 소낙비처럼 지나간다. 절망의 순간이 오거나 고통스러운 시간이 자신을 압도할 때마다 이렇게 말하라.

'이것 또한 지나가리라.'

자신만의 실패 박물관을 만들어라

세상에 있는 수많은 박물관 중에 꼭 가보고 싶은 박물관이 하나 있다. 미국 미시건주에 있는 뉴 프로덕트 웍스New Product Works 박물관이다. 이 박물관은 성공보다는 실패를 모아서 보여준다는 콘셉트가 아주 재미있다. '실패의 박물관'이라 이름 붙여진 그 곳에는 '연기 없는 담배', '크리스털 펩시' 등 대표적 실패작 7만여 점이 전시되고 있다.

상품만 실패하는 것이 아니다. 인생에도 실패는 따르기 마련이다. 게리 무어는 투자의 대가라 불렸던 존 템플턴이 삶에서 실천했던 원칙들을 《영혼이 있는 투자》란 제목의 책에 담아냈다.

"인류가 이뤄낸 모든 업적들이 과연 시행착오 없이 가능했겠는가? 라이트 형제는 그들이 하늘을 날아본 횟수보다 훨씬 더 많이 추락했다. 하지만 추락할 때마다 그들은 새로운 정보를 얻을 수 있었고, 인간이 하늘을 날 수 있는 중요한 공식을 만들어냈다. 성공을 목표로 하라. 이것은 분명하다. 그러나 일시적인 후퇴로 인해 목표를 포기해서는 결코 안 된다."

이 교훈을 다시 정리하면 이렇다.

"성공적인 삶을 살기 위한 첫 번째 원칙은 '실수를 하니까 인간이다' 라는 것을 받아들이되 성공을 목표로 하고 목표를 놓쳐서는 안 된다. 두 번째 원칙은 이 첫 번째 원칙을 절대 잊지 말아야 한다는 것이다."

돌아보자면 씁쓸하지만, 내 인생에도 실패작들은 한둘이 아니다. 나도 언젠가 '송길원의 실패 박물관' 을 하나 세워보고 싶다. 그 실패 박물관에는 여러 가지가 전시될 것이다. 명문 고등학교에 입학하지 못하고 좌절한 일, 대학 입시에 실패한 일, 준비했던 세미나에서 실패한 일에 이르기까지 다양할 것이다.

그러나 나의 모든 실패들은 그것으로 끝이 아니었다. 그것들을 통해 나는 더 나은 길을 찾았다. 실패가 끝이 아니라 성공을 위한 시작이라는 의미에서 나는 나의 실패 박물관에 이런 명언들을 써놓고 싶다.

"한번 실패와 영원한 실패를 혼동하지 말라." – F. 스콧 피츠제럴드

"평온한 바다는 결코 유능한 뱃사람을 만들 수 없다." – 영국 속담

"재미가 없다면, 왜 그걸 하고 있는 건가?" – 제리 그린필드

"더 열심히 일하다 보니 그만큼 운도 더 좋아지더라." – 토마스 제퍼슨

"자신이 하는 일을 재미없어 하는 사람치고 성공하는 사람 못 봤다." – 데일 카네기

"섣불리 예상하지 말라. 특히 미래에 대해선." – 케이시 스텐겔

"지식보다는 상상력이 더욱 중요하다." – 알버트 아인슈타인

"행동 없는 식견은 백일몽이요, 식견 없는 행동은 악몽이다."

–일본 속담

"그간 우리에게 가장 큰 피해를 끼친 말은 바로 '지금껏 항상 그렇게 해왔어' 라는 말이다." –그레이스 호퍼

"여보게 친구, 중요한 건 다른 이들이 자네에게 무엇을 빼앗아 갔느냐가 아니라네. 정말 중요한 것은 지금 자신에게 남아 있는 게 뭐냐는 것이지." –휴버트 H. 험프리

"문제는 목적지에 얼마나 빨리 가느냐가 아니라, 그 목적지가 어디냐는 것이다." –메이벨 뉴컴버

누구에게나 실패는 있다. 그러나 그 실패를 어떻게 받아들이냐에 따라 인생은 크게 달라진다.

남이 아닌, 지금의 나보다 잘하려고 애써라

남의 떡이 커 보인다는 말이 있다. 옆집 마당의 잔디가 더 푸르다는 말도 있다. 떡을 충분히 갖고 있으면서 남의 떡이 더 커 보여 배가 아프기 시작한다. 자기 마당의 잔디보다 더 잘 가꾸어진 남의 집 잔디를 부러워한다. 인간의 본성에 드리워진 시기와 질투의 감정들로서 경계해야 할 함정이다. 다른 사람과 비교하며 살 필요는 없다. 다른 사람과 비교해서 그들보다 더 잘하려고 하면 상처만 받을 뿐이다. 타인보다 앞서고 싶거나 많이 소유하고 싶은 욕심은 자신의 삶을 망가뜨린다. 정작 비교의 대상으로 삼아야 할 것은 바로 자기 자신이다. 지금의 나를 비교 대상으로 올려놓고 나보다 잘하려고 하면 그런 도전 자체가 행복지수를 높인다.

내가 국제평화마라톤에 출전한다는 소식을 듣고 가족들이 모두 깜짝 놀랐다. 그동안 30km도 뛰었고 하프코스에도 참가했지만 풀코스는 완주 후 2년만의 도전이었으니 뜻밖이었을 것이다. 남들은 '서브 쓰리sub three' 가 목표라지만 나는 '온 쓰리on three' 가 꿈이다. 그러나 그것은 어디까지나 꿈이었을 뿐 전혀 준비가 없었던 터라 과연 뛸 수 있을까부터 걱정해야 했다. 아니나 다를까 하프코스를 넘어서면서부터 힘이 빠지기 시작하더니 30km 지점에서는 이내 다리 근육에 경련이 일면서 끝내 쥐가 났다.

'아니 마라톤을 하면서 '쥐잡기'를 해야 하다니.'

나 자신을 웃기면서 스트레칭을 해보지만 쥐는 끝내 잡히지 않았다. 할 수 없이 다리를 질질 끌면서 걷다 뛰다 걷다 뛰다를 반복했다. 3시간 30분대의 페이스메이커를 따르는 무리들을 먼저 떠나보내고 이어 3시간 45분, 4시간. 억울하기 그지없었지만 별 도리가 없었다. 나중에는 마지막 꼬리로 흩어지고 말았다.

앰뷸런스가 뒤처진 사람들을 실어 나르고 있었다. 이미 거리를 나타내는 표지판마저 걷히고 음료제공대도 치워지고 없었다. 목이 탔다. 앰뷸런스가 내 곁으로 다가왔다. 나는 고개를 저었다. 폐회식이 끝나고 아무도 없는 운동장이라 할지라도 내 발로 들어서고 싶었다.

이미 다리는 내 다리가 아닌 듯 감각도 없었다. 아무리 발을 떼도 땅에 찰싹 달라붙어 있는 다리, 손은 허공을 휘휘 젓고 있었다. 홀로 양재천을 허우적거리는데, 눈앞의 희뿌연 안개와 가랑비가 눈물처럼 흘러내렸다. 골인 지점인 운동장이 까마득해 보였다. 이를 악물고 뛰다 걷다를 반복하다가 드디어 골인지점에 들어섰을 때는 모두들 떠나가고 없었다. 폐회식의 마지막 시간이 흘러가고 있었다. 전광판의 사인보드마저 꺼지려고 깜박이는 순간 골인 점을 밟았다. 다리가 휘청거려 제대로 서 있기도 힘들었다.

마지막까지 남아 있던 몇 사람이 그런 나를 안쓰럽게 여기며 박수를 쳐주었다. 꼴찌에게 보내는 박수를 받았다. 1등에게 치는 박수나 꼴찌에게 치는 박수나 매한가지란 생각을 했다. 이번에는 내가 완주를 한 나에게 박수를 쳐주었다. 두 번째 도전은 그렇게 끝났다. 이 고통스러운 마라톤 완주를 통해서 나는 자식들에게 해주고 싶은 말이 있다.

"남들보다 잘하려고 고민하지 마라. '지금의 나' 보다 잘하려고 애쓰는 게 더 중요하다."

다른 사람과 비교하며 그들보다 더 잘하려고 애쓰다 보면 매순간이 힘들고 고통스럽다. 그러나 지금의 나보다 잘하려고 애쓰다 보면 하루하루 나아지는 자신의 모습을 느끼며 행복할 수 있다. 행복한 마음으로 노력하면 성취도 훨씬 빠를 것이고 인생도 즐거울 것이다.

남과의 비교는 선의의 경쟁을 유도할 수도 있지만, 인간의 나약한 본성은 스스로 번민의 굴레를 만들기 십상이다.

사람은 누구나 약간씩 불안함을 느끼며 산다. 때로는 불안감이 엄습해 바다 끝 저 멀리 도망치고 싶을 때도 있다. 이유 모를 피곤과 불안이 밀려와 가시처럼 마음을 찔러댈 때면 이런 시를 읽으며 마음을 가라앉혀 보자. 조지 허버트의 〈도르래〉라는 시다.

태초에 하나님이 인간을 창조하실 때
축복의 단지를 곁에 두시고 말씀하시길,
"줄 수 있는 모든 것을 그에게 주겠노라
이 세상 여기저기 흩어진 부를

이 한 줌에 다 모으리라"

그래서 먼저 힘이 길을 뚫자, 이어서 아름다움,
다음엔 지혜, 명예, 쾌락이 흘러갔다
거의 동이 날 무렵, 하나님은 잠시 멈추셨다
모든 보물 중에 혼자만 남아,
안식이 맨 바닥에 있음을 보시고,

그리고 말씀하시기를, "만약 내가
이 보석조차 인간에게 부여한다면,
나보다도 내 선물들을 더 숭배할 것이니,
자연을 지은 하나님 대신, 자연에서 안식할 것이요
결국 우리 둘 다 패배자가 되리라

그러므로 다른 축복은 누리나,
늘 목마른 불안에 젖게 하리라
인간은 풍요롭되 피로에 시달리게 하라. 그리하여 적어도,
선이 그를 인도치 못하면, 피로함이 그를
내 품에 던질 수 있도록"

절망과 좌절은 언제나 희망과 용기를 동반한다

절망과 좌절은 희망과 용기의 과정에 늘 함께한다. 얼마 전 TV에서 닉 부이치치의 삶을 소개하는 프로그램을 보았다.

그는 팔과 다리 없이 수영과 낚시를 즐기고 골프채를 휘둘렀다. 겨우 두 개의 발가락을 가지고 글을 쓰고 이메일을 체크하기 위해 키보드를 두드렸다. 그는 장애를 가진 삶이 불편할 수는 있어도 결코 불행하지 않음을 보여주고 있었다. 그가 닉 부이치치이다. 겨우 여덟 살의 나이에 자살을 생각할 정도로 불운한 생애였지만, 지금은 자신의 장애를 딛고 행복을 가르치는 행복 전도사가 되어 세계를 누비고 다닌다. 그에 비하면 우리가 울먹이며 말하는 절망과 좌절이 얼마나 사치스러운 것인지를 알게 된다. 그는 이렇게 고백했다.

"아직도 팔과 다리를 갖기를 기도하느냐고요? 사실 그렇습니다. 그러나 주시지 않는다고 해서 크게 실망하거나 그런 것은 아닙니다. 신이 들으시건 안 들으시건 간에 나는 아직도 기적을 믿습니다. 신은 나에게 너무나 위대한 사명을 주셨습니다. 신의 영광과 사랑에 대한 나의 이야기를 통해 사람들의 마음이 변화하는 모습을 보는 것은 정말 아름다운 일이지요. 난 아직도 기적을 믿습니다."

'난 아직도 기적을 믿습니다' 라는 그의 마지막 한 마디에 나는 끝내 눈물을 흘리고 말았다. 어릴 때 그가 겪었을 절망감과 좌절감 때문에 동정의 눈물이 났고, 절망을 딛고 일어선 그의 용기와 아직도 희망을 잃지 않는 그의 모습에 감동의 눈물을 흘렸다. 팔과 다리가 없이 어떻게 혼자서 일어날 수 있을까 생각했지만, 그는 힘겹게 머리로 몸을 지탱해서 일어나는 모습을 보여주었다.

"중요한 것은 어떻게 끝내는가죠. 나의 모습을 통해 다시 일어설 용기를 얻을 수 있을 거예요. 이렇게요."

그의 모습을 지켜보며 그동안 내가 늘어놓았던 불평과 불만, 그리고 세상을 잃은 것처럼 절망했던 순간들이 떠올랐다. 부끄러웠다. 나의 좌절은 그야말로 사치처럼 느껴졌다. 내가 감사할 일이 얼마나 많은데, 얻지 못했다고, 갖지 못했다고 좌절했나 싶었다. 건강한 두 다리가 있다는 사실에 감사하고, 키보드를 칠 수 있는 두 손이 있다는 사실에 감사할 일이다. 그러고 보면 세상에 감사할 일투성이다. 젊은이들이여, 이 한마디를 늘 기억하며 살자.

"인생의 비극은 목마름이 아니라 감사할 줄 모르는 메마름이다."

긍정의 에너지를 나눠주는 친구가 되라

친구를 사귈 때 꼭 명심했으면 하는 점이 있다. 모든 일에 투덜대며 부정적인 이야기를 반복하는 사람과는 친하게 지내지 말 것. 더 중요한 것은 자신 역시 누군가에게 부정적인 친구가 되지 않아야 한다는 것이다. 생각이 바로 그 사람의 인격이다. 부정적인 생각을 하는 사람은 모든 일을 부정적으로 보고 상황을 더욱 악화시킨다. 또한 부정적인 바이러스를 주변에 퍼뜨려 옆의 사람도 불안하고 불행하게 만든다.

반면 긍정적인 생각을 하는 사람은 어떤 상황에서도 희망을 잃지 않고, 비록 실패하더라도 포기하지 않는다. 그리고 행복 바이러스를 옆사람에게 전해 줘 주변 사람들을 행복하게 만든다. 유유상종이라고, 자신이 긍정적인 성격이면 친구들도 그런 사람들이 모이게 된다. 생활하면서 부정적인 생각이 들 때면 곧바로 생각을 전환하도록 노력하자. 위인들이 들려주는 희망적이고 낙관적인 메시지가 도움이 될 것이다.

"나는 천성적으로 낙관주의자다. 그런 태도로 살지 않는 것은 별로 도움이 안 되기 때문이다." -윈스턴 처칠

"염세주의자는 기회를 장애로 만드는 사람이고 낙관주의자는 장애를 기회로 삼는 사람이다." -해리 트루먼

"우리 모두는 가끔씩 좀 더 평온한 세계에서 살았으면 하고 바랄지 모르지만 현실은 결코 그렇게 되지 않을 것이다. 그러나 우리 시대가 어렵고 당혹스럽게 느껴지는 만큼 거기에는 우리를 위한 도전과 기회가 가득 차 있음을 알아야 한다." -로버트 케네디

"인간의 지성과 상상력, 경이에는 한계가 없기 때문에 성장에도 한계는 없는 법이다." -로널드 레이건

"우리가 미래에 성취할 일들에 대한 유일한 한계점이 있다면 그것은 우리가 현재에 대하여 가지고 있는 의심일 것이다. 강하고 적극적인 믿음으로 계속 전진해 나가자." -프랭클린 루스벨트

"우리는 용기가 두려움의 부재가 아니라 두려운 데도 불구하고 행동하는 능력이라고 배웠다." -존 맥케인

"선과 악이 투쟁하고 있기 때문에 나는 정치에 몸담고 있다. 종국적으로 선이 승리하게 될 것을 확신한다." -마가렛 대처

"염세주의가 승리를 거둔 적은 단 한 번도 없었다."

-드와이트 아이젠하워

나도 마지막으로 한마디를 보탠다.

"스페로 스페라Spero Spera."

'숨을 쉬는 한 희망은 있다'는 뜻의 라틴어이다. 긍정에 대한 명

언을 적어놓고 수시로 펼쳐보면 긍정적인 생각을 하는 데 많은 도움이 된다. 긍정적인 친구를 사귀는 것도 좋지만 긍정적인 에너지를 가득 품고 주변까지 환하게 변화시키는 사람이 되는 것이 더 중요하다.

성공하는 태도를 지녀라

어느 날 아침 신문에 난 인터뷰 기사를 읽게 되었다. 많은 사람들이 알고 있는 가수 비에 대한 기사였는데 나이는 어리지만 정말 배울 점이 많은 청년이라는 생각이 들었다.

목회 활동을 하면서 청소년들을 만나보면 아무런 목표도 없이 하루하루를 살아가는 청소년들이 의외로 많았다. 희망도 없고 목표도 없이 살아간다는 것은 암울한 일이다. 그런 청소년들에게 비의 삶의 태도를 본받으라고 이야기하고 싶다.

그는 〈타임〉지에서 뽑았던 '세계에서 가장 영향력 있는 100인'에 선정되기도 했다. 비에 붙은 수식어는 끝도 없는데, 인터뷰 기사를 읽다가 그가 왜 스타일 수밖에 없는가를 생각했다.

"저는 모든 사물을 보면 저것을 춤으로 출 수 없을까 생각해요. 할아버님이 지팡이를 들고 가시면 지팡이로 출 수 있는 춤을 만들 수 없을까? 차를 탈 때도, 차 타는 방법으로 무언가 춤을 만들 수 없을까? 계속 그렇게 무언가를 생각하거든요."

"오디션에 18번이나 떨어졌어요. 당시 저는 벼랑 끝에 선 사람이었기 때문에 도저히 밀려날 곳이 없었어요. 어머니의 병원비는 밀렸고, 돈은 없고, 차비도 없고, 제 아래로 여동생도 있었기 때문에 제가 무엇이든 하지 않으면 안 되는 상황이었죠. 만약 제가 쥐였다면 내 앞을 막아선 고양이를 물고서라도 뛰어나가야 되는, 도대체 숨을 데도 피할 데도 없었지요. 그러지 않으면 벼랑에서 그냥 떨어져 죽는 길밖에 없었거든요. 만일 여기서 떨어지면 더 이상 갈 곳이 없다는 절박감에, 오디션을 보는데 한 번도 쉬지 않고 총 5시간 춤을 췄어요. 그렇게 해서 오디션에 붙었어요."

"제가 미국시장에 가서 우리도 저들만큼 할 수 있는 인물이 있다는 것을 보여주고 싶거든요. 우리에게도 문화가 있다는 것을 알리고 싶어요. 칼과 창을 든 것보다 더 무서운 것이 사람들의 정신과 문화를 지배하는 것이지요. 제 스스로에게 주입하는 것은 '실패를 해도 성공같이' 입니다. 설령 제가 미국에서 실패를 하더라도 그게 절대 실패가 아니라는 것입니다. 실패할 경우 그 실패 이유를 제 후배들에게 전해 주면 돼요. 후배들이 이를 발판 삼아 또 도전하겠지요."

나이는 어리지만, 정상에 오른 사람은 뭔가 다르구나 하는 생각이 든다. 나는 그에게서 언제 어디서나 자신의 일에 최선을 다하는 집중력을 배울 수 있었고, 무수히 많은 오디션에 떨어졌어도 결코 포기하지 않는 끈기를 배울 수 있었다. 그리고 어려운 환경을 탓하고 원망하기보다는 자신을 일으키는 원동력으로 삼는 슬기로움, 낯설고 새로운 시장에 도전하면서 실패할 수도 있지만 '성공을 위한 실패' 라는 올바른 가치관을 갖고 있다는 점에서 인상적이었다.

마지막으로 여전히 새로운 시장에 도전하기를 두려워하지 않는 그의 도전 정신을 모든 청소년들이 배우면 좋겠다는 생각을 했다.

성공한 사람들의 이야기가 감동적인 이유는 피나는 노력을 통해 어려운 과정을 겪고 정상에 오른 사람들이기 때문이다. 이미 정상에 오른 사람들만이 할 수 있는 이야기, 그 이야기를 귀담아 듣고 그들의 삶의 태도를 배울 수 있어야 한다.

사람들이 갖고 있는 편견이 몇 가지 있는데, 가장 대표적인 것이 머리가 좋고 똑똑한 사람이 성공한다는 것이다. 그러나 나는 재능이 아니라 태도가 인생을 좌우한다고 믿는다. 태도는 인생의 모든 것을 결정하는 바탕이 되는 것으로, 성공하는 사람은 성공하는 태도가 있고, 실패하는 사람에게는 실패하는 태도가 있다.

성공하는 좋은 태도란 당당하되 당돌하지 않는 것이며, 자신감을 갖고 살되 자만하지 않는 것이라 할 수 있다. 성공하는 사람은 배포와 배짱을 구분할 줄 알며 겸손하되 비굴하지 않는다. 실패하는 태도가 아닌 승리하는 태도가 그 사람을 승리하도록 만든다는 의미다.

존 맥스웰은 《태도 101》에서 다음과 같이 말했다.

태도는 진정한 우리 자신의 미래 모습이다.

태도의 뿌리의 내부이다. 그 열매는 외부이다.

태도는 가장 좋은 친구 또는 가장 나쁜 친구이다.

태도는 말보다 더 정직하고 일관성이 있다.

태도는 과거의 경험에서 생겨난 외부의 모습이다.

RAIN

태도는 사람들을 끌어들이거나 쫓아낸다.

태도는 표현될 때까지 만족하지 않는다.

태도는 우리 과거의 도서관 직원이다.

태도는 우리 현재의 스피커이다.

태도는 우리 미래의 예언자이다.

다행히도 자신의 과거, 현재, 미래를 한눈에 보여주는 태도는 스스로의 선택에 의해 결정할 수 있다. 누구에게나 성공하는 태도를 가질 수 있는 힘이 있으며, 실패하는 태도를 버릴 용기도 있다. 지금이라도 당장 머릿속에서 실패에 관한 단어, 부정적인 단어를 싹 지워버리고, 성공에 대한 확신과 할 수 있다는 자신감을 가지면 된다.

그럼, 실패를 부르는 태도는 어떤 것일까. 실패했던 과거의 경험을 끌어들여 '난 역시 똑똑하지 않아' '나는 재능이 없어' '나는 역시 되는 일이 없어' 라는 부정적인 말로 스스로 실패하는 태도를 만드는 것이다. 그런 생각을 할 시간에 다음과 같이 되뇌어 보기 바란다.

'나는 똑똑하지 않지만 긍정적인 태도를 가졌어.'

'나는 재능은 없지만 노력을 하잖아.'

'지금의 실패는 성공을 위한 전초전이야.'

이런 긍정적인 말을 통해 승리하는 태도부터 갖도록 하자.

모든 도전에 출사표를 던져라

아버지라는 존재는 자식 앞에서 항상 성공하는 모습, 멋진 모습을 보이고 싶어 한다. 그러나 나이가 들수록 아들에게 아버지라는 존재는 생각했던 것보다 초라하게 보일 수 있다. 지금까지 아버지의 이미지를 잘 만들어왔다고 생각했던 내가 지난 번 마라톤 사건 때문에 한 번에 허물어진 듯해 쑥스럽고 부끄러웠다.

이번에 도전하는 철인 3종 경기는 수영 1.5km, 자전거 40km, 또 다시 마라톤 10km를 끝내야 한다. 생각만 해도 기가 질리는 종목이다. 이런 쉽지 않은 경기에 내가 도전하겠다고 나섰을 때, 걱정하는 이들이 많았다. 나 역시 쉽지 않다는 것을 누구보다 잘 알고 있었으므로 무척이나 두려웠다.

그럼에도 불구하고 도전하겠다고 나섰던 이유는 스스로 어떤 틀을 깨고 싶어서였다. 50대에 들어서면서 왠지 마음이 약해졌고 그런 약한 마음을 자식에게 보이고 싶지 않았다. 아직도 도전할 용기와 젊음이 남아 있다는 것을 확인하고 싶은 중년의 몸부림이랄까.

가족들을 대동하고 위풍당당한 모습으로 경기에 참여했지만, 정작 제대로 도전도 해보지 못하고 돌아나올 때 나는 얼마나 창피했는지 모른다. 몇 날 며칠 생각할수록 아들 앞에서 그런 모습을 보였다는 것이 부끄럽고 스스로 용납이 되지 않았다. 실패 자체가 부끄러운 것이 아니라 준비 없는 도전을 했다는 점이 부끄러웠다.

사실 경기가 코앞에 다가와서야 철인 3종 경기에 대해 제대로 알아보지도 않고 안이하게 준비했다는 것을 알았다. 몇 달 전부터 새벽에 수영을 배우고 자전거를 타며 연습을 게을리하지 않았다. 그런데 경기 일주일 전까지 수영할 때 내 몸에 맞게 주문 제작된 슈트를 입어야 한다는 사실도 모르고 있었다니 정말 어처구니가 없었다.

경기 전날 부랴부랴 슈트를 맞춰 입고 출발선 앞에 서자 갑자기 불안해지기 시작했다. 물속으로 슈팅해서 들어가자 맞지 않는 슈트가 온몸을 죄여오는데 몸이 천근만근 무거워서 도저히 수영을 할 수 없었다. 어쩔 수 없이 출발한 지 얼마 되지 않아 물 밖으로 나왔는데, 아들들과 아내가 측은하게 나를 바라보고 있었다. 민망해서 얼굴을 들 수가 없었다. 일단은 그 순간을 넘기기 위해 일부러 큰 소리로 말했다.

"아빠는 50대에도 도전했잖아. 너희도 지금부터 준비해서 3부자가 같이 도전해 보자. 알았지? 아빠는 철인 3종에 성공하면 다음에는 사막 경기에 도전할 거다."

아들은 알 것이다. 내가 민망해서 목소리를 높였다는 사실을. 그때 내가 정말 하고 싶었던 말은 이것이었다.

"미안하구나! 실패한 모습을 보였다는 사실보다 준비 없는 실패를 했다는 사실이."

앞으로 세상을 살다 보면 여러 번 도전할 기회가 생길 텐데, 도전할 때마다 성공하면 좋겠지만 그러지 못하는 것이 현실이다. 그러나 결코 피하지 말고 정면으로 마주하기를 바란다. 나는 그렇게 살아왔고 앞으로도 그렇게 살아갈 것이다. 이것이 자식들에게 들려주고 싶은 이야기다.

나는 다음해 있을 철인 3종 경기를 준비하고 있다. 첫해의 실패를 거울 삼아 절치부심 노력해서 다음에는 자식들에게 거뜬하게 완주하는 모습을 보이고 싶다. 당당하게 승리의 V자를 그리며 3종 경기를 완주하는 아버지의 모습을 보여주기를 스스로 기대하고 있다.

"많이 즐기지도 못하고 그렇다고 뼈아픈 고통도 겪어보지 못한, 영혼이 가난한 자들과 겨루기보다는 실패하는 한이 있더라도 위험을 무릅쓰고 큰 것을 노려 빛나는 승리를 거두는 것이 훨씬 낫다."

시어도어 루스벨트의 말로 출사표를 대신해 본다. 원래 출사표는 전투를 앞두고 적군의 기선을 제압하기 위해 작성하였는데, 유명한 장수들의 출사표는 지금까지도 역사에 남아 사람들에게 감동과 용기를 주고 있다.

"제군들! 나는 수천 명의 병사보다 자네들을 더 믿는다. 용맹을 떨쳐보자. 우리는 사자다. 저 해변에 뭐가 기다리는가? 영원한 승리다! 가서 쟁취하자."

영화 〈트로이〉에서 아킬레스는 자기 군사들을 향해 이렇게 외쳤다. 아킬레스의 출사표에 병사들은 환호하며 전투에 나섰다. 전설적인 영웅인 몽골의 칭기즈칸도 전투에 나서기 전 다음과 같은 출사표를 던졌다.

"나는 몽골의 푸른 늑대다. 너희는 신의 군대다. 우리의 신인 쾌쾌 탱그리와 시조 불테치노는 항상 우리를 지켜보고 계신다. 너희에겐 패배란 없다. 나를 따르면 모든 전쟁에서 승리할 것이다."

전쟁의 승리는 전략과 전술만으로 이루어지는 것이 아니다. 어떤 마음가짐으로 전쟁에 임하는지도 무척 중요하다. 승리를 확신하고 전투에 임했을 때와 패배할지도 모른다는 불안한 마음으로 전투에 임했을 때의 결과는 확연히 다르다.

우리는 살면서 여러 가지 일에 도전하게 된다. 시도 자체가 무모할 정도로 너무 큰 산이 가로막혀 있을 수도 있고, 과연 해낼 수 있을까 하는 두려운 마음이 들 때도 있다. 그때 이런 출사표 하나쯤 만들어보면 어떨까?

"나에게 나중이라는 말은 없다. 오직 오늘이 있을 뿐이며, 오늘을 나에게 선물한다. 사방이 막히면 하늘을 뚫는다. 그리고 실수는 있어도 포기란 없다. 순간순간 'Never ever give up'을 실천하며 산다."

부모 자식 간에는
사랑하기에 다하지 못한 말이 있습니다.
당신의 마음을 보여주세요.

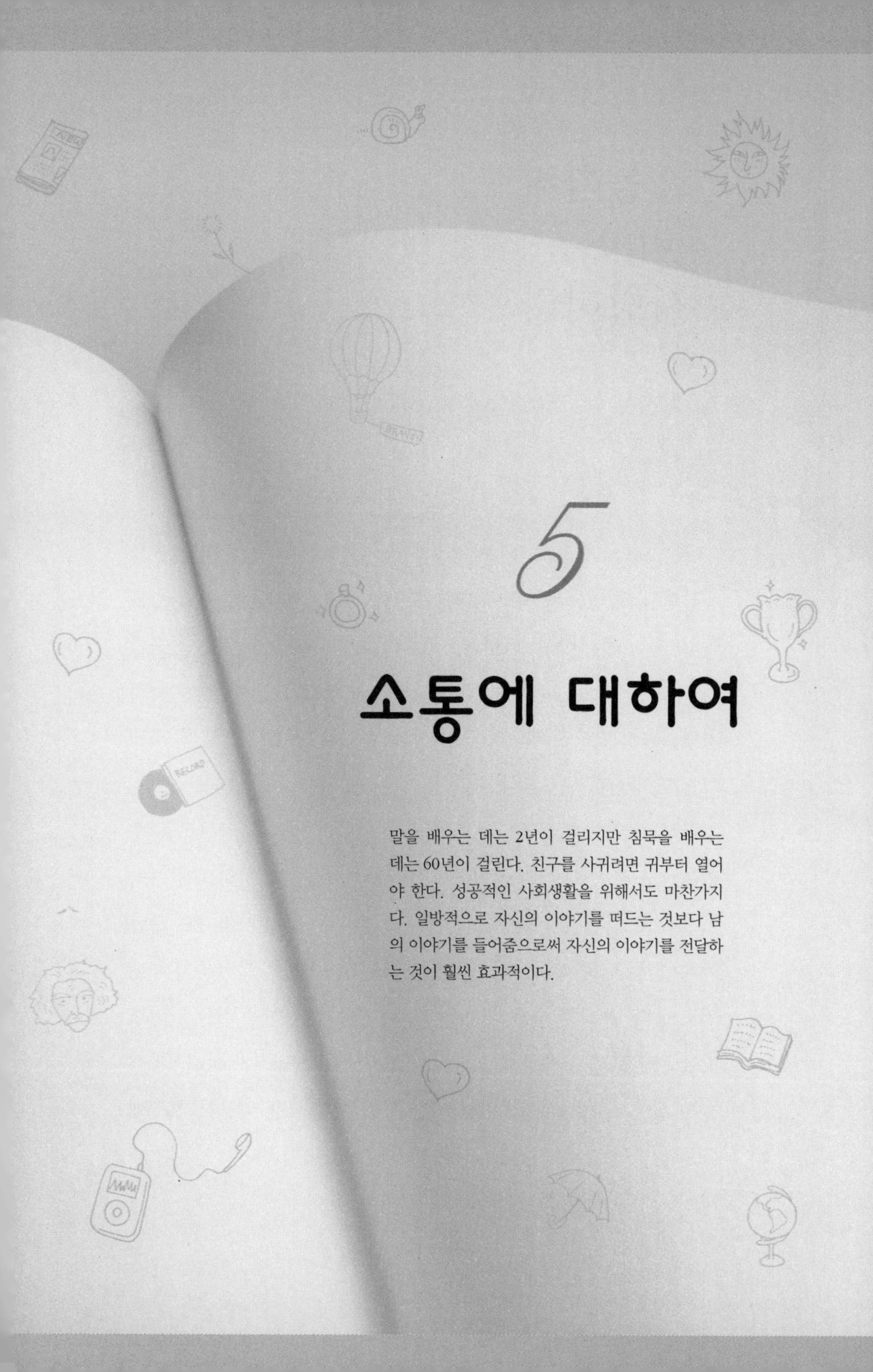

5

소통에 대하여

말을 배우는 데는 2년이 걸리지만 침묵을 배우는 데는 60년이 걸린다. 친구를 사귀려면 귀부터 열어야 한다. 성공적인 사회생활을 위해서도 마찬가지다. 일방적으로 자신의 이야기를 떠드는 것보다 남의 이야기를 들어줌으로써 자신의 이야기를 전달하는 것이 훨씬 효과적이다.

소통하라 그리고 사랑하라

나는 요즘 들어 부쩍 '아버지에게 아들이란 어떤 존재인가'를 생각한다. 한없이 귀여운 꼬맹이로만 보였던 자식들이 어느새 훌쩍 자라 다 큰 청년이 되었다. 이제 마음을 터놓을 수 있는 친구처럼 느껴지기도 하고, 눈빛만 봐도 서로의 생각을 알 수 있는 동지처럼 느껴지기도 한다. 그러면서도 한편으론 항상 아들의 롤 모델이 되어야 한다는 부담감이 있다.

어린 시절 내가 올라다본 아버지는 아무리 자라도 따라잡을 수 없을 정도로 당당한 분이셨다. 아버지의 사범학교 성적표에 주눅이 들었고 입지전적 성공담에 기가 죽었다. 아무리 따라가도 도달할 수 없는 난공불락의 성만 같았다. 또한 아버지는 무서운 존재이기도 했다. 유난히 술을 즐겨 하셨는데 술이 거나하게 취한 날이면 집에 돌아오셔서 애꿎게도 장남이었던 나를 혼내시곤 했다. 동생들의 잘못까지 뒤집어씌워서 야단을 치셨다. 그땐 억울하기도 했고 동생들이 밉기도 했다. 그렇게 나에게 있어 아버지는 언제나 가까이 가기 어려운 분이셨다.

항상 당당하고 커 보이던 아버지가 초라하게 느껴진 때가 있었다. 내가 사십 중반에 들어섰을 때다. 아버지가 우리 집에 잠깐 머무셨을 때 아버지 방을 청소하다가 책상 서랍에 감춰둔 술병을 훔쳐보게 되었다. 목사인 아들에게 피해가 갈까봐 페트병에 술을 담아 몰래 드셨던 것이다. 가슴이 저릿하면서 연민의 정이 치솟았다.

'아직도 술을 끊지 못하셨나' 하는 생각이 들기보다는 '아버지도 항상 강한 것만은 아니구나' 하는 생각을 했다. '언젠가는 나도 늙고 쇠약해지면 자식들에게 이렇게 보이겠구나.' 서글픈 마음이 들면서 원망스럽기만 했던 아버지를 이해할 수 있었다.

술은 남자의 눈물이라는데 나이 사십이 되어서야 아버지의 눈물을 헤아릴 수 있게 된 것이다. 그 순간 가슴이 저려와 돌아서서 울었다. 아버지는 뭔가 말 못할 이야기를 가슴에 담아두고 있는 것 같았다. 아버지와 나 사이에 보이지 않는 장벽이 가로막혀 있었다. 그 장벽을 무너뜨리지 않으면 아버지 생전에 인간적인 소통이 불가능할 것이라 생각했다.

부모님과 비록 떨어져 살망정 친밀한 감정을 갖지 못하면 우리 삶은 결핍을 느끼기 마련이다. 애정과 소통의 결핍은 삶의 뒤틀림을 초래할 것이고 내 자식들에게도 대물림될 것이다. 내가 배워왔던 남성성 혹은 부성으로서의 이미지는 그 뿌리가 아버지다. 부모, 자식 간의 소통 부재로 노년기에 쓸쓸함을 자초한다면 그것은 내 잘못이다. 내가 아버지의 권위를 존중하지 않으면 나도 인정받을 수 없다.

나이 든 아들과 아버지가 친구처럼 지내는 사람들은 얼마 되지 않을 것이다. 대부분 껄끄럽거나 어려운 관계다. 아들이 성장해 가면서 둘 사이에는 침묵의 강이 흐르기 시작한다. 아들이 먼저 아버지에게 속마음을 털어놓기에도 쉽지 않다. 그러나 나는 이 나이에도 여전히 부모님으로부터 사랑받는 아들이 되고 싶다. 그러기 위해서는 내가 먼저 다가갈 필요가 있었다.

나는 매일 아침마다 고향에 계신 부모님께 전화인사를 올린다. 어머니 입장에서는 내가 자식들 공부시키느라 떨어져 지내는 것이 안타까운 모양이다. 어쩌다 아침 강의에 바빠 오후에 차 안에서 전화를 했다.

"어머니 접니다."

"그래 할 말 있냐?"

내가 아쉬운 일이 있어서 뭘 부탁하는 목소리로 들렸던 것 같았다. 나는 농담 삼아 이런 말을 내뱉었다.

"어머니, 사랑합니다."

그랬더니 즉각 어머니의 반응이 눈에 보이듯 들려왔다.

"오냐, 나도 우리 아들 사랑한다."

나는 그날 밤 내 방으로 돌아와 감동의 눈물을 흘렸다. 어머니의 그 말 한마디에 천하를 얻은 것마냥 즐거웠다. 나는 또 어머니에게 전화를 걸었다.

"아니 왜 그 좋은 말을 이제 합니까. 어머니 진심으로 사랑합니다."

"그래 나도 우리 장남 사랑한다."

변함없는 목소리였다. 다음날에도 나는 종일 기쁨에 들떠 있었다. 이제는 아버지에게 전화를 할 차례다. 우리 아버지 세대는 그런 표현에 익숙하지 않다. 자식이 어쩌다 전화라도 걸어 '아버지, 사랑합니다'라는 말을 하면 '너 무슨 일이 있냐?' 아니면 '너 술 먹었냐?'라는 응답이 들려올 것이다. 아버지는 일정 기간 자식들에게 권력을 행사한다. 그러나 나이 들어 초라한 노인이 되었을 때는 자식들의 판결을 기다리고 있는지도 모른다. 자식이 나에게 사랑과 존경을 줄 것인가, 아니면 미움과 원망을 안겨줄 것인가. 전화번호를 누르기에 조금 망설였다. 떨리는 손을 꼭 쥐고 목소리를 가다듬었다.

"아버지, 저 아들입니다. 아버지 생신 축하합니다. 그리고 아버지 사랑합니다."

아버지에 대한 존경심을 회복하고 싶었다. 나 역시 자식들에게 그런 존재가 되고 싶었다. 내 속에는 아버지의 모습이 그림자처럼 남아 있을 것이다. 남자들의 영혼은 돈이나 명예보다 존경심을 먹고 자라야 더 활개를 친다. 아버지 목소리가 들려왔다.

"나도 우리 아들 사랑한다."

그 산을 넘어오는 데 꽤나 오랜 시간이 걸렸다. 나는 이불에 얼굴을 파묻고 기분 좋게 울었다. 속이 후련했다. 부모 자식 간에는 모든 일이 잘 되어가고 있는 양 위선을 떨 필요가 없다. 사랑은 바이러스처럼 전염이 된다. 나는 자식들에게 전화를 할 때도 '사랑한다, 아들아'라는 말을 빠뜨리지 않는다. 아들은 그 말이 처음에 익숙지 않아 서먹해 했다. 내가 제안을 했다.

"너 창피하게 생각하는 것 같은데, 우리 통화할 때 내가 '사랑'

하면 네가 '합니' 라고 해. 그러면 함께 '다' 로 끝내자."

이제는 자식들이 먼저 사랑의 인사를 전해 온다. 어쩌다 내가 바빠서 '사랑한다' 는 말을 못하면 먼저 따지듯 물어온다.

"아빠, 서운해요. 왜 그 말 안 하세요. 아빠 사랑합니다."

"나도 우리 아들 사랑한다."

우리 부자 3대는 이제 소통의 달인이 됐다. 어떤 문제가 생긴들 털어놓고 말 못할 일이 없을 것 같다. 어느 날 아버지로부터 이상한 문자 메시지가 날아왔다.

"큰며느리기계치불부폰치상정마누라소소치통무정신지연쌀눈부."

아버지에게서 난생 처음 받아 본 문자메시지다. 순전히 암호 같은 말을 도무지 이해할 수 없었다. 내 휴대폰에는 아버지 이름을 '나의 생명' 으로 입력해 두었다. 아내 이름은 '영혼의 친구' 큰아들은 '나의 꿈' 그리고 작은아들은 '나의 사랑' 이다. 발신인의 표시가 '나의 생명' 이어서 틀림없이 아버지 작품(?)인 것은 알았다. 암호를 못 풀고 전화를 드렸다.

"아버지, 이게 무슨 말씀입니까?"

아버지의 해설이 기막혔다.

"네가 큰며느리 기계치라고 했는데 아니 불[不], 그러니까 큰며느리는 기계치가 아니다. 오히려 부[父]가 폰치다. 그리고 네가 '사오정 마누라' 라고 한 말에 내가 웃었다[笑笑]. 그리고 치통[齒痛]이 와서 정신이 하나도 없었다[無精神]. 그래서 너한테 뭔가 답을 한다는 게 그만 지연[遲延]되었다."

여기까지는 듣고 잘 이해를 했다. 한자세대의 아버지로서는 얼마든지 쓸 수 있는 말이었다. 그러나 그 다음 내용은 짐작하기가 어려웠다.

"그러면 끝에 쌀눈은 뭡니까?"

아버지가 대뜸 언성을 높였다.

"야, 이놈아. 너는 한자를 공부했으면서 그것도 모르냐? 쌀 미, 눈 안, 그래서 '미안' 이다."

나는 그 말에 눈물이 날 정도로 폭소를 터뜨렸다. 아버지도 아들을 웃겼다는 게 재미있는지 전화통을 붙잡고 한참 동안 웃으셨다. 난 솔직히 그때까지 아버지하고 마음껏 웃어본 적이 없었다. 나는 아버지의 재치와 유머감각에 놀라서 웃고, 아버지는 아들 녀석한테 한 방 먹였다는 통쾌함으로 웃었다.

어린 시절 언젠가 아버지가 술을 드시고 오셔서 담배를 피우려고 불을 붙였는데 불이 붙지를 않았다. 담배를 거꾸로 물었던 것이다. 아버지는 신경질을 내면서 담배를 집어던졌다. 나는 그게 얼마나 우습던지 몰래 숨어서 웃었던 적은 있었다.

며칠 뒤 이번에는 내가 아버지에게 한방(?) 먹일 심산으로 문자메시지를 헷갈리게 보냈다.

"소소소소, 자부사망직전배꼽상실자정신혼미땡큐대자부."

아버지가 궁금했는지 전화를 해오셨다. 나는 점잖을 떨며 풀이를 했다.

"하하하하! 며느리는 사망 직전이라 이유인즉 웃다 배꼽을 잃었더라. 아들은 정신이 혼미하고, 그래도 감사하더라. 큰며느리."

이번에는 아버지가 박장대소를 하시며 기뻐했다. 나도 기뻤다. 아버지와 이런 문자놀음까지 할 수 있게 되었으니 소통이 이루어진 셈이다. 아버지와 사랑한다는 말을 주고받은 이후로 우리 사이에 놓인 장벽이 사라졌다.

"아버지, 앞으로 그런 재미난 문자 메시지 자주 보내주시지요."

아버지가 말씀하셨다.

"그 문자 메시지 보내느라 눈알이 빠져버릴 뻔했다."

그제야 아버지에 대해 잊었던 아니 잊어버리려고 했던 기억이 떠올랐다. 아버지는 시각장애인이다. 한쪽 눈은 멀쩡하게 뜨고 다니시지만 한쪽 눈은 그 기능이 없다. 아들에게 문자메시지를 보내려고 얼마나 집중했으면 눈알이 빠져버릴 것 같은 고통을 받았을까. 나도 모르게 눈물이 핑 돌았다. 나는 아버지에게 진심으로 사과했다.

"아버지 쌀눈이에요. 쌀눈. 진심으로."

나는 그날 웃다 울다를 반복하며 행복감에 젖었다.

쌀눈.

소통 능력이 곧 리더십이다

경영의 신이라 불리는 잭 웰치는 세계적으로 존경받는 인물이지만 그가 어려서 말을 심하게 더듬는 소년이었다는 사실을 아는 사람은 그리 많지 않다. 잭이 말을 더듬는 일로 괴로워할 때마다 그의 어머니는 이렇게 다독였다.

"너무 똑똑해서 그런 거야. 너처럼 똑똑한 아이의 머리를 네 혀가 따라오지 못해서 그래."

어머니의 그 한마디에 잭은 자신이 말을 더듬는다는 것은 잊어버리고 머리가 좋다는 것만 기억했다. 어머니의 이런 칭찬과 격려 덕분에 자신감에 충만했던 잭은 어느새 학교에서 가장 말을 많이 하는 시끄러운 아이가 되었다. 키는 작았지만 야구팀의 투수로, 아이스하키 팀과 골프 팀의 주장으로 맹활약을 펼치게 되었다. 학업을 마치고는 GE의 말단 사원에서 출발해 1981년 최연소 CEO의 자리에 올랐고 GE를 시장가치 120억 달러에서 4,500억 달러로 끌어올린 최고의 CEO가 되었다.

말 한마디가 그의 인생을 바꾸어놓았던 셈이다. 말은 '마알'로 마음의 알갱이를 뜻한다. 그 말 한마디가 얼마나 중요한지를 아는 데서부터 인생의 의미가 달라진다.

장미꽃을 무척이나 좋아했던 원장 수녀님이 있었다. 장미꽃을 심고 심다 보니 어느새 아름다운 장미 정원을 갖게 되었다. 그 정원이 자랑스러웠던 원장 수녀님은 찾아오는 순례객들에게 늘 이렇게 말했다.

"세계에서 가장 아름다운 장미꽃을 구경시켜 드릴게요. 얼마나 예쁜지요."

문제는 그 화려한 장미꽃 정원을 돌아보면서도 순례객들은 건성건성 자신들의 이야기를 나누기에 바빴다. 심지어 대열에서 이탈해 다른 곳을 기웃거리는 이들까지 있었다. 그때마다 원장 수녀님은 속이 많이 상했다. 그러다 어느 날 원장 수녀님이 외출한 사이 견습 수녀가 안내를 맡게 되었다. 어찌된 건지 그날따라 순례객들은 장미꽃 정원에 오래 오래 머무는 것이었다. 그리고 장미꽃의 종류에서부터 개화시기, 향에 이르기까지 질문도 많았다.

이유는 간단했다. 원장 수녀님과 달리 견습 수녀님은 이렇게 말했다.

"저희 수녀원의 장미 가족들에게 오늘 오신 VIP들을 소개해 드리고 싶은데…… 얼굴 좀 비춰주실 수 있으시죠?"

그 한마디에 자신들의 얼굴을 비추어주겠다고 그렇게 오랫동안 머물렀던 것이다. 우리의 인생이란 소통에서 소통으로 이뤄지는 대화의 체험적 과정이다. 소통에 성공하는 사람이 좋은 리더가 되고 소통에 실패하면 사람들을 설득하거나 감동을 주지 못한다. 전

미국 대통령 부시도 퇴임을 앞두고 이런 고백을 했다.

"'덤벼 보라고 해bring them on' '죽이든 살리든dead or alive' 같은 표현을 사용해 사람들이 나를 평화주의자가 아닌 것으로 인식하게 했다"며 다르게 표현했더라면 하는 후회를 한다고 했다.

소통의 핵심은 나(화자) 중심이 아니라 상대방(청자) 중심으로 가는 데 있다. 말 잘하는 사람이 리더가 되는 것이 아니다. 남의 말을 잘 듣고 결정을 내리는 사람이 훌륭한 CEO 자격이 있다.

언젠가 연구소를 7년째 후원해 오던 교회가 있었다. 연말이 되면서 7년이나 했으니까 이제 다른 기관을 후원하겠다며 후원을 중단하겠다고 했다. 그때 나는 이렇게 말을 건넸다.

"아니, 이제 3년만 더 보태면 10년의 역사가 쓰일 듯싶은데 중간에서 포기하는 이유가 무엇인가요?"

이 한마디에 그쪽에서 놀라 계속 후원을 하게 되었다. 이렇듯 나가 아닌 상대방 편 입장에서 이야기하면 설득도 쉬워진다. 그래서 설득의 한자어 의미는 '말을 변화시켜 달랜다說'와 아침에 걸어가서 밥을 얻어먹는다得는 의미가 결합된 것이라고 한다.

정부는 백성과 소통할 줄 알아야 하고, 좋은 교사는 학생과 소통이 원활해야 한다. 생산자는 소비자와 소통할 줄 알아야 애써 만들어놓은 물건을 제값에 팔 수 있다. 좋은 부모가 되려면 자녀들과 소통할 줄 알아야 하고 부부 역시 서로 간에 소통이 있을 때 행복해진다.

통通이란 한자어는 '도달하다, 이르다, 꿰뚫다'는 의미가 있다. 경제에 도통한 사람을 경제통이라 부르고 정보가 많은 사람을 정보통이라고 한다.

소통의 핵심은 역시 듣는 것에 있다. ‘귀’ 때문에 망하는 사람보다 ‘입’ 때문에 망하는 사람이 훨씬 많다는 사실을 알면 말을 늘 조심할 수밖에 없다. 날아가는 새는 다시 잡아 가둘 수 있지만 한 번 입 밖에 내던진 말은 주워 담을 수 없다. 말이 몸속에 있을 때는 인간의 노예이지만 일단 입 밖으로 나오면 인간이 말의 노예가 되고 만다.

나는 행복은 소통에서 오는 것이며, 소통 능력이 곧 리더십이란 철학을 가지고 있다. 꿈을 안고 사는 젊은이라면 소통의 능력을 키워야 할 것이다. ‘귀에 쏘옥~, 가슴에 차악~붙게’ 소통하는 법칙은 이렇다.

첫째, '내'가 아니라 '우리'여야 한다

미국 첫 여성대통령을 꿈꾸었던 힐러리의 어법은 항상 '나를 따르라Follow me'는 어법이었다. 하지만 첫 흑인 대통령이 된 오바마는 '우리는 할 수 있다Yes we can!'는 화법이었다. 결국 대통령 선거전은 소통의 싸움이었던 셈이다.

둘째, 화자 중심이 아니라 청자 중심이어야 한다

'내가'가 아니다. '당신을 위해서'를 생각하면 어투도 어법도 다 달라진다. '내가 당신의 도움을 필요로 한다'는 것보다 '당신은 나를 도와줄 수 있다. 그러니 나를 도와달라'고 해야 한다. 그게 상대방의 자존감을 높이는 일이다.

셋째, 모든 말은 그려져야 한다.

들려지는 말이 아니라 보여지는 말이어야 한다. '쓸데없는 짓했다'는 표현보다 '불은 산으로 번지는데 골짜기에 물 붓는다'는 식의 표현이 보여지는 언어다.

넷째, 공은 한 개만 던져라

소통은 서커스가 아니다. 저글링이나 접시 던지기 묘기를 보여주듯 위태로워서는 안 된다. 족집게 과외 교사가 전하듯 메시지는 딱 하나로 전달되어야 한다. 두루뭉술 솜뭉치를 던지듯 하지 마라.

다섯째, 진실하라, 그리고 쉽게 하라

어떤 의사는 환자 가족에게 어려운 결정, 예컨대 수술동의서 등을 써야 할 때 보호자에게 여러 가지 의학적 설명을 하지 않는다고 한다. 다만 "우리 손자가 같은 상황에 처했다 하더라도, 저는 이 방법을 택할 것입니다"라고 한마디만 한다고 한다.

여섯째, 마지막으로 기억해야 할 것은 "준비된 말이 통한다"이다

칭찬받은 사람의 얼굴은 꽃처럼 빛난다

칭찬은 고래도 춤추게 한다는 말이 있다. 칭찬은 그만큼 자신감을 갖게 해주기 때문에 사람을 변화시키는 힘이 있다. 칭찬을 받으면 자기도 모르게 어깨가 으쓱해지고 발걸음이 가벼워진다. 칭찬받은 사람의 얼굴은 화사하게 피어난 꽃처럼 아름답고 눈빛은 의지로 빛난다.

피그말리온 효과라는 것이 있다. 칭찬하고 기대하는 만큼 그대로 실현되는 것을 말한다. 누군가로부터 "너는 공부를 정말 잘할 수 있어" 하는 기대에 찬 칭찬을 들으면, 그 학생은 정말 자신의 능력을 100% 이상 발휘하며 공부를 잘할 수 있다. 타인으로부터의 기대와 칭찬만 힘이 있는 게 아니다. 스스로에게도 반드시 꿈을 이룰 수 있음을 믿고 격려해 주면 정말 그렇게 될 수 있다.

칭찬의 힘은 그만큼 강력한 것이다. 그러나 칭찬할 때도 주의할 점이 있다. 가장 중요한 것은 입에 발린 겉치레가 아니라 진심에서 우러나오는 칭찬을 해야 한다는 것이다. 아들이 학교에서 그림을 잘 그려서 자랑스러운 마음으로 뛰어왔는데, 아빠가 그림은 보는 둥 마는 둥 건성으로 "응. 그래, 그래, 잘 그렸네"라고 이야기하면 실망스러울 것이다. 진심에서 우러나오는 칭찬의 힘은 위대하지만 입에 발린 칭찬은 오히려 상대의 기분을 상하게 할 수도 있다.

칭찬할 때는 사람의 타고난 재능보다는 노력을 칭찬하는 것이 효과적이다. 성적이 잘 나왔을 때 "넌 역시 머리가 좋아"라는 말보다는 "성실하게 열심히 노력했구나. 정말 멋지다"라는 말을 들었을 때 훨씬 힘이 나고 기분이 좋다. 타고난 머리보다 노력으로 이루어진 성과가 더욱 멋지고 칭찬받아 마땅하기 때문이다.

가장 중요한 칭찬의 기술은 자신을 칭찬하는 것이다. 자기 스스로 "훌륭했어" "그래, 나 아니고 그 일을 누가 하겠어?" "내가 정말 자랑스럽다"는 말을 자주 해야 한다. 남이 나를 칭찬하기 전에 내가 나를 칭찬해야 한다. 자신을 칭찬할 수 있는 사람만이 진정 남을 칭찬할 수 있다. 자신에 대한 칭찬에 인색한 사람은 다른 사람을 칭찬하기도 힘들다. 자신에 대해 너그러운 마음을 갖고 당당하게 스스로를 칭찬하는 데 익숙해져야 한다.

마지막으로 덧붙이고 싶은 한마디는 이것이다. '의무감으로 칭찬 하지 말고 취미로 칭찬하라!' 칭찬의 기술을 가지고 태어난 사람은 없다. 기쁘게 즐거운 마음으로 칭찬하면 된다.

말하기보다는 듣기에 집중하라

사회에 첫발을 내딛은 젊은이들에게 당부하고 싶은 말이 있다. 바로 2% 부족한 커뮤니케이션을 하라는 것이다. 사회에서 발생하는 일 대부분은 사람과 사람 간의 커뮤니케이션을 통해 시작되고 성사된다. 성취에 있어서는 부족한 2%를 채우는 순간 질적인 변화를 맞이하게 된다고 말했다. 그렇기 때문에 항상 자신에게 부족한 2%를 채우려고 노력해야 한다. 그런데 대화를 할 때는 2% 모자라게 하는 것이 좋다. 말하는 것과 듣는 것을 49대 51로 하여 말하는 쪽을 2% 부족하게 하는 것이다.

말하기보다는 들으려고 노력해야 한다. 사람들은 누구나 이해하기보다는 이해받고 싶어 한다. 그러다 보니 자신의 이야기를 먼저, 많이 하게 된다. 그러나 내가 다른 사람에게 이해받고 싶으면 다른 사람을 이해하려고 노력하는 것이 먼저다.

대화를 할 때는 상대방의 이야기를 듣고자 하는 마음의 준비를 해야 한다. 귀로만 듣지 말고 마음으로 들어야 진심이 전달될 수 있다. 편견과 선입견을 버리고, 충고하고 싶은 마음도 깨끗이 버리고,

상대방의 이야기를 있는 그대로 들어야 한다. 그래야 그 사람을 이해할 수 있으며, 상대방도 자신이 존중받는다는 느낌을 가질 수 있다.

거기다 1, 2, 3의 원칙을 지키면 더욱 좋다. 1분 동안 말하고, 2분 동안 들으며, 듣는 동안 적어도 3번은 맞장구를 쳐주라는 말이다. 맞장구를 칠 때도 고개를 끄덕이거나 눈빛으로 정말 열심히 듣고 있다는 것을 보여주는 것이 좋다.

상대방의 이야기를 묵묵히 들어주는 것만으로 충분한데 상대방의 이야기를 비판하고, 충고하고, 문제를 해결해 주겠다고 나서는 사람들도 있다. 그런 사람들 앞에서는 대부분의 사람들이 입을 다물어버리고 마음도 닫는다. 사람들은 판단받기보다는 이해받기를 원하고, 지적받기보다는 맞장구 쳐주기를 바란다. 나는 열을 올려 이야기를 하는데 앞에서 듣는 사람이 "듣고 보니 당신이 잘못한 것 같네"라고 지적한다면, 말하고 싶은 생각이 사라진다. 하지만 "맞아. 나라도 그랬을 거야"라는 말을 듣는다면 진심으로 이해받고 있다는 생각이 들 것이다.

말하는 것보다 듣기를 잘하라고들 하지만 실천하기는 쉽지 않다. 말을 배우는 데는 2년이 걸리지만 침묵을 배우는 데는 60년이 걸린다. 친구를 사귀려면 귀부터 열어야 한다. 성공적인 사회생활을 위해서도 마찬가지다. 일방적으로 자신의 이야기를 떠드는 것보다 남의 이야기를 들어줌으로써 자신의 이야기를 전달하는 것이 훨씬 효과적이다. 이것은 대화에만 국한되는 것이 아니다. 기업 마케팅이나 광고를 할 때도 마찬가지다. 일방적으로 전달하기보다는 소비자의 의견에 귀를 기울여야 시장에서 인정받을 수 있다.

말하기도 연습하면 잘할 수 있다

어느 공간에서든 사람들과 잘 어울리고 이야기하기를 좋아하는 젊은이들을 보면 좋아 보이고 부럽기도 하다. 나는 어릴 때 내성적인 성격이어서 다른 사람과 이야기도 잘 못했다. 자신감도 많이 부족했다. 남들 앞에서 재미있는 이야기를 하며 웃긴다는 것은 상상도 못했다. 그랬던 사람이 목사라는 직업을 가졌다.

내가 사람들 앞에서 말을 잘할 수 있게 된 데는 계기가 있었다. 대학 축제의 사회를 맡게 되었는데, 많은 관중 앞에 서는 것이 처음이어서 걱정되는 마음에 잠을 이루지 못했다. 그래도 잘 해내고 싶어 며칠 전부터 유머 책을 구해 몇 가지 유머를 달달 외웠다. 막상 무대에 섰는데 정말 눈앞이 캄캄했다. 시간이 지나자 긴장이 슬슬 풀렸고, 용기를 내어 준비했던 유머 보따리를 풀어놓았다. 세상에! 사람들이 엄청나게 웃으면서 반응을 보였다. 그때 처음으로 '나도 사람들을 웃길 수 있구나' 하는 자신감을 가졌다.

그 다음부터는 아예 유머 책을 들고 다니며 외우고 또 외웠다. 연습한 유머를 사람들 앞에서 활용해 보고, 반응을 체크하며 노력해

나갔다. 그 결과 지금은 수많은 청중들 앞에 서는 강사가 되었다.

현대 경영의 귀재라 불리는 피터 드러커도 "현대인에게 가장 필요한 능력은 자기 표현력이며, 경영이나 관리는 커뮤니케이션에 의해 좌우된다"고 말했다. 이제는 IQ나 EQ가 아니라 CQCommunication Quotient를 논해야 할 때다. 커뮤니케이션 능력 3가지만 알아보자.

첫째, 뻔한 이야기보다 펀한 이야기를 하라

뻔한 이야기는 귀머거리만 만든다. 펀Fun한 이야기를 해야 귀가 열리므로 같은 표현이라도 재미나게 해야 한다.

둘째, 생각은 현인처럼, 말하는 것은 범인처럼 하라

생각하는 일은 현인처럼 하지만 말하는 일은 범인처럼 해야 하는데, 비결은 간단하다. 우선, '쉽게 하라' 는 거다. 그 다음은 '쉽게 하라' 이다. 그리고 마지막으로 '쉽게 하라' 이다. 동시에 짧게 하라. 역사상 최고의 명연설로 기록된 에이브러햄 링컨 전 미 대통령의 게티즈버그 연설도 불과 282개 단어에 3분을 넘지 않았다.

마지막으로 자신감을 갖고, 말하는 것을 즐겨라

음치는 타고난 것이 아니라 자신감이 없다는 것이다. 처음부터

말을 배워서 태어난 사람은 없다. 그리스의 웅변가 데모스테네스도 어린 시절 말을 더듬었다.

그리고 연습하고 또 연습하라. 준비된 말일수록 울림이 크다. 무대공연자들에게는 사전 연습이 실제공연만큼 중요하다. 말에 있어 즉흥곡은 없다. 우연을 바라지도 말고 무모한 모험 따위는 거둬라. 순발력이나 재치도 아니다. 철두철미 연습해라. 연습만이 말짱을 만든다. 연습은 실전처럼 하고 실전은 연습하는 마음으로 해라.

'질문하기' 도 좋은 커뮤니케이션 방법이다

다른 사람과 커뮤니케이션을 잘하기 위해서 필요한 조건이 있다. 이야기를 귀담아 들을 수 있는 능력, 사물을 다른 관점에서 볼 수 있는 능력, 재미있게 이야기할 수 있는 유머감각 등이 그 조건이다. 나는 그 중에서도 으뜸을 꼽자면 질문을 잘하는 것이라고 생각한다.

TV에서 게스트들의 이야기를 이끌어내는 사회자 중 사람들이 궁금해 하는 내용을 적절하게 질문하여 대답을 이끌어내고 잘 정리하는 사람이 있다. 반면에 이미 여러 매체를 통해 알고 있는 내용을 다시 확인하는 정도의 질문과 내용으로 시간을 때우는 사회자도 있다.

훌륭한 커뮤니케이션의 중요한 조건은 바로 질문이다. 어릴 때는 모든 것이 궁금해서 "이거 뭐야?"와 "왜 그래?"라는 말을 달고 살았던 아이도 조금만 크면 마치 세상에 대한 흥미를 잃어버린 듯 입을 꼭 다물어버린다. 다른 사람들 앞에서 질문하는 것이 부끄럽기도 하고, 남들이 모두 아는 질문을 해서 창피를 당할까봐 두렵

기도 하다.

그러나 질문하는 것이 부끄러운 것은 아니다. 항상 한 가지 이상의 질문을 만들고, 반드시 답을 얻도록 노력해야 한다. 공부를 할 때도 '모든 내용을 기억할 수는 없지만 적어도 이것 한 가지만은 반드시 해답을 얻을 거야' 라는 결심을 하면 훨씬 공부에 집중할 수 있다. 어떤 대답을 얻느냐는 어떤 질문을 했느냐에 달려 있다. 바른 질문만이 바른 답을 가져온다. 훌륭한 커뮤니케이션 능력을 가진 사람들은 모두 질문의 대가들이었다. 질문할 때 다음의 원칙을 기억하면 도움이 될 것이다.

1. 모든 질문에는 답이 있다

질문하면 3분 동안 부끄러워질 수 있다. 하지만 질문하지 않으면 30년 동안 부끄럽다. 질문을 두려워 말라. 우문현답이란 말이 있잖은가? 나의 질문에 대한 어설픔을 두려워하다 보면 현답을 놓친다. 질문해라.

2. 반대의 질문을 던져라

아리스토텔레스는 어떤 단어의 의미를 제대로 알려면 반대말을 생각해 보아야 한다고 했다. '도대체 프로란 뭐지?' 가 아니다. '무엇이 프로의 반대지?' 라고 물어라. 반대의 질문을 던져라.

3. 상상을 자극하는 질문을 던져라

삶이 아름다운 것은 '만약' 을 품고 있어서다. 물어라. "만약 다르게 할 수 있다면?" "이렇게 해보는 것은 어떨까?" "독특하게 다뤄볼 수는 없을까?" 이렇게 되묻게 되면 무한의 세계가 열린다.

4. 부정보다 긍정의 질문을 던져라

긍정의 질문이 긍정의 답을 낳는다. "왜 공을 놓쳤을까?" "부부싸움을 안 할 수 없는 걸까?"보다 "어떻게 하면 공을 붙잡을 수 있을까?" "어떻게 하면 부부싸움을 잘할 수 있을까?"가 낫다.

5. 수사관이 되지 말고 감성적으로 물어라

"'예'와 '아니요'로 답하세요"라고 윽박지르는 질문이 아니라 "그랬구나. 그래서 어떻게 되었는데?"라고 물어라. 감성적 질문이 마음의 빗장을 열게 한다. 상대방을 공격하는 수단으로서가 아니라 상대방의 지혜에 귀를 열어라.

6. 과거보다 미래에 초점을 맞추어라

"무얼 했는데요?"가 아니다. "무엇을 하고 싶습니까?" "아직도 계발되지 않은 본인의 잠재력은 무엇이라 여깁니까?" 이런 질문이 희망을 심고 가능성을 높인다. 가능하면 꿈을 확인해 줘라.

머리를 이해시키는 말보다 가슴을 움직이는 말을 하라

로마의 정치가 키케로가 연설을 마쳤을 때, 청중은 갈채를 보내며 환호했다.

"너무 너무 감동적이야, 멋있는 연설이었어."

하지만 데모스테네스가 연설을 마쳤을 때, 사람들은 이렇게 말했다.

"우리, 일어나 행진합시다."

그러고는 조용히 움직이기 시작했다. 가슴을 움직이는 연설은 사람들의 가슴을 울려서 행동하게 만드는 힘이 있다. 아리스토텔레스는 수사학의 3요소를 에토스ethos, 파토스pathos, 로고스logos로 말했다. 에토스는 화자의 성품을 말하는데 명성, 신뢰감, 호감 등이다. 파토스는 공감, 경청, 친밀감, 유머 등으로 청중에게 불러일으키는 정서적 요소를 뜻한다. 로고스는 논리적 근거나 실증적 자료에 의한 설득 그러니까 수사학적 타당성을 말한다. 로고스가 논리적인 근거로 사람들의 머리를 이해시킨다면 에토스와 파토스는 감성적인 요소로 사람들의 가슴을 움직이게 한다.

머리로 이해하기와 가슴으로 이해하기 중에서 어느 쪽이 빠를까? 실제 설득 과정을 분석해 보면 에토스가 60%의 영향을, 파토스가 30%, 로고스가 10% 정도의 영향을 미친다고 한다. 일반적으로 사람들이 논리적인 근거에 의해 움직일 것이라고 생각하지만, 예상 외로 사람들은 머리로 이해해서가 아니라 가슴이 뜨거워져야 움직인다는 것을 알 수 있다.

예를 들자면 "노력하는 대로 결실을 거두게 되어 있어. 알아?" 라는 말보다 "그래, 얼마나 힘들었겠어? 내가 거들어줄까?" 이 한 마디가 용기를 불어넣고 새로운 출발을 돕는다.

이렇게 가슴을 움직이는 말을 하기 위해서는 교사의 말보다는 약장수의 말을 써야 한다. 정답을 가르치기 위해 설명하려는 교사와 달리 약장수는 신념을 전달하기 위해 설득한다. 설명은 논리에 의존하지만 설득은 감성을 건드린다. 교사가 되지 말고 카운슬러가 되라는 말의 핵심은 '감정이입'에 있다.

또한 가슴을 움직이기 위해서는 훈계를 하지 말고 칭찬을 해야 한다. 훈계를 좋아하는 사람은 한 사람도 없다. 미국 대통령이었던 레이건은 말했다. "미국 국민들의 지혜를 믿었을 때 저는 한 번도 실패한 일이 없었습니다." 고품격의 칭찬은 밥맛 나게 하고, 삶을 윤택하게 해주는 보약과 같다.

그리고 부정적인 백 마디보다 긍정적 한마디를 하라. 스포츠 심리학에서도 이를 적극 활용하고 있다. '볼을 놓치지 마라'는 말보다 '볼을 붙잡아라!'는 말이 선수들의 경기의욕을 북돋운다는 걸 알아서다. 사람은 말하는 대로 이루어진다.

가슴에 남는 말 못지않게 일상에서의 유머감각도 중요하다. 유머는 그 어떤 것보다 사람을 끄는 매력이 있다. 밑천도 들지 않는다.

아들이 학교에서 어깨를 축 늘어뜨린 채 집에 돌아온 적이 있었다. 가슴이 아프면서 한편으로는 속상하기도 했다. 그 정도도 참고 견디지 못하면 어떻게 이 험한 세상을 살아갈 수 있을까 안타까웠다. 그런 분위기에서 내가 아들을 불렀다. 아들은 잔뜩 긴장해 있었다. 나는 이런 이야기를 꺼냈다.

"어떤 사람이 갑자기 팔 하나를 잃어버렸대. 얼마나 인생이 억울하고 절망스러웠겠어. 결국 그 사람은 갑작스럽게 닥친 불행을 견디지 못하고 죽기로 결심하고 해변으로 갔대. 바다에 몸을 던지기 전에 지난 인생이 주마등처럼 스쳐 지나가자 서러워 하염없이 눈물을 흘리고 있었어. 마지막으로 죽을 결심을 하고 바다에 뛰어들려고 하는 순간 저 멀리 해변에 희미한 물체가 보이더래. 뭐지? 하는 호기심을 갖고 천천히 해변으로 걸어갔어. 가까이 가서 보니 그 물체는 다름 아닌 사람이었던 거야. 정체불명의 사람이 그 어두운 밤에 해변에서 춤을 추고 있었던 거지. 더욱 기가 막힌 것은 춤추고 있던 사람의 팔이 두 개 다 없더래. 죽으려던 사람은 너무나 놀랐지. 자기는 팔 하나 잃었다고 자살하려고 하는데 팔 두 개를 잃은 사람이 춤을 추고 있으니 놀랄 수밖에. 그래서 다가가 그 사람에게 물었대. '이보시오. 나는 팔 하나 잃은 것 때문에 절망해서 죽으려고 하는데 당신은 뭐가 좋아서 춤을 추고 있소?' 그러자 그 사람이 눈을 부릅뜨고 말하더래. '야 이 자식아. 너도 똥구멍 간지러워 봐라.'"

아버지에게서 훈계를 들을 것이라 예상했는데, 너무나 엉뚱한 이야기를 들으니 아들은 한순간에 긴장과 스트레스를 날려보내고 활짝 웃었다. 이처럼 어떠한 순간에서도 유머를 잃지 않으면 희망이 생기고 낙천적인 생각을 할 수 있다.

유머의 핵심 가운데 하나가 '불일치' 이론이다. 기존의 관념과 철학들 즉, 평소의 언어와 문법 그리고 사회적 지식에 관한 상식이 뒤집힐 때 카타르시스와 함께 웃음이 터지게 된다. 유머가 마음을 조율하고 학습을 도우며 정신을 이완시켜 유연성과 창의력을 향상시킨다는 주장은 이제 고전이론이다. 유머를 알 때 비로소 우리는 인생을 제대로 살았다고 말할 수 있다. 유머는 삶의 일부가 아니라 전부가 되어야 한다.

분노하지 말고 화가 나는 걸 이야기하라

큰아들이 소중하게 생각하는 물건을 제 동생이 만졌다고 화내는 모습을 보았다. 나도 무엇이든 제자리에 놓고 정리하기를 좋아하는 성격이라서 아들의 마음을 충분히 이해하고도 남았다. 그러나 화내는 아들에게 꼭 해주고 싶은 말이 있다. 화 내는 사람들은 대부분 '다른 사람이 나를 건드리니까 화를 내지, 내가 왜 화내겠어?' 라고 이야기한다. 나는 이런 사람들에게 방아쇠 이론을 이야기하고 싶다. 부부간의 사소한 싸움에도 이 이론이 적용된다.

얼마 전부터 손발이 가려워 긁고 또 긁었다. 올 여름부터 나타난 현상인데, 처음에는 모기가 물어 그런 줄 알았다. 그런데 알고 보니 그게 아토피성 피부질환이었다. 현대의학은 날로 발전하고 있지만 유독 아토피에 대해서만큼은 속수무책이다.

이전에도 알레르기를 앓았던 나로서는 바짝 긴장하지 않을 수 없었다. 알레르기 원인균을 찾으러 몇 차례나 테스트를 했지만 개암나무와 꽃가루와 집 안의 먼지 진드기에 대한 일반적 의심만 했을 뿐이었다. 의사의 처방은 간단했다. 항히스타민제의 대증요법

에다 환경요법으로 꽃가루나 먼지 진드기를 무조건 피하라는 것이다. 솔직히 지구상에 이것들을 피해 살 수 있는 사람이 얼마나 될까? 조금은 무책임한 처방이란 생각이 들었다.

실제 아토피의 원인 물질인 알러겐은 아토피의 진행에 방아쇠 역할만 하지 그 자체가 총탄은 아니라는 게 전문가들의 의견이다. 우리 몸 안에 내재된 원인들이 면역기능을 혼란시켜 일상적인 자극에 과민반응으로 나타난 것이 아토피라는 것이다. 즉 비어 있는 총은 방아쇠를 당겨도 발사되지 않는다. 하지만 장전된 총알이 있으면 공포의 무기가 되는 것과 같은 이치다.

신경질이나 분노를 정서적 아토피라 부른다. 이 역시 '건드리니까 화를 내지. 가만히 있는 사람이 괜히 화를 내나?' 라고 항변하지만 더 중요한 것은 그것들은 방아쇠 역할뿐이지 진짜가 아니라는 점이다. 오히려 내 속에 장전된 낮은 자존감, 감정의 뿌리, 해결되지 않은 감정의 찌꺼기가 문제인 셈이다. 그래서 방아쇠를 탓할 것이 아니라 총탄을 제거해야 한다는 것이 방아쇠 이론이다.

사람과의 갈등으로 인해 화를 낼 때는 그 이유를 잘 생각해 보아야 한다. 아마 큰아들은 이 사건 이전에 동생을 못마땅하게 생각했던 일이 있었거나 아니면 동생하고 관련 없는 자신의 개인적인 감정 상태가 좋지 않았을 것이다. 마음이 불안하고 꼬여 있던 차에 동생이 자신의 물건을 만지자 만만한 동생에게 분노를 터뜨렸을 것이다. 자신의 마음속에 남아 있는 감정의 찌꺼기들을 잘 다스렸다면 분노가 생기지 않았을 것이다.

분노의 감정을 표현하더라도 다른 사람이나 자신에게 상처가 되지 않도록 해야 한다. 살다 보면 화나는 일이 종종 생기는데, 그때 미친 듯이 감정을 폭발하면 일시적으로는 감정이 해소되는 듯 보이지만 상대방에게 크나큰 상처를 주고, 그 상처는 다시 나에게 돌아와 '나는 이 정도의 인간밖에 되지 않나?' 하는 자괴감이 들게 한다.

화가 날 때는 다른 사람을 비난하고 원망하는 대신에 '난 몹시 화가 난다' 라는 정도의 감정을 이야기하는 것이 바람직하다. 참으면서 상대를 마음속으로 미워하고 증오하는 것은 상대방을 죽이고 나를 죽이는 행위이다.

사람의 여러 가지 감정 중에서 분노의 감정만 잘 다스려도 행복할 수 있다는 말이 있다. 앞으로 살아가면서 힘들고 어려운 일을 겪고 화나는 일이 생기더라도 항상 이 점을 기억하기를 바란다.

진정 강한 자가 부드럽고 여유 있다

아들은 어릴 때부터 목사의 아들이라는 이유로 친구들과 마음 놓고 싸우지도 못하고, 행동할 때도 항상 조심해야 했다. 그것이 스트레스였을 텐데 내색하지 않고 잘 견뎌주었다. 이제는 그 아들이 외국에서 공부하는 시간이 길어지고 있다.

서구적인 가치관은 정확하고 확실하게 짚고 넘어가는 것이 미덕이라면 한국적인 가치관은 대립보다는 이해하고 품어주는 쪽에 가깝다. 영어로 표현하기 힘든 단어인 '정'에서 알 수 있듯이 이웃 간의 정, 부모 자식 간의 정, 부부간의 정이라는 말을 많이 사용한다. 사랑과는 또 다른 느낌이 드는 단어다.

직선과 곡선으로 표현하자면, 서구적인 가치관이 바로 표현하는 직선이라면 한국적인 가치관은 직설보다는 은유에 가까운 곡선이다. 한국의 원형미를 '곡선'으로 진단한 이화여대의 임석재 교수는 한국의 곡선을 이렇게 표현한다.

"한복 소매도 보름달도 어머니의 둥글고 보드랍고 포근한 젖가슴에서 파생된다. 어머니의 젖가슴을 닮은 우리 전통 건축은 더 이상 건축이 아니다. 정이요, 마음이요, 감성이다. 곡선은 대립과 직설을 피하는 부드러운 여유다……. 직설보다 은유가, 확실함보다 해학이 한 수 위다."

임 교수는 직선을 '사람을 해하는 칼의 선'으로, 곡선을 '사람을 깨우치고 성장시키는 붓의 선'으로 정의했다. 곡선의 여유, 융통성, 너그러움이 사람을 성장시킨다는 말이다. 그런데 곡선의 여유와 융통성은 어떻게 가능할까?

유연하기 위해서는 뱃속 깊은 곳에 흔들리지 않는 힘, 강한 내공이 있어야 한다. 요가를 하는 사람들을 보면 몸이 너무나 유연해 감탄사가 저절로 나온다. 유연한 자세는 부드러움만으로 가능하지 않고 오랜 단련을 통해 근육에 힘이 붙어야 버틸 수 있는 법이다. 더없이 부드러워 보이지만 곡선이 직선보다 힘에서 한 수 위라는 의미다.

여유가 없는 사람은 쓸데없이 어깨에 힘을 주고 쉽게 싸우려 하며 권위적이 되기도 한다. 권위를 내세우려는 사람들은 대부분 자신 안에 콤플렉스를 갖고 있거나 자신감이 없는 사람들이다.

스포츠를 할 때도 초보자는 금세 티가 난다. 몸에 잔뜩 힘을 주는 사람들은 대부분 초보자다. 나도 골프를 배울 때 비슷한 경험을 했다. 잘하고 싶은 욕심에 잔뜩 어깨에 힘을 주고, 손목과 발목에도 힘을 주니까 원하는 목표 지점에 도달하지 못했다. 좀 더 익숙해진 후에야 자연스럽게 어깨에서 힘이 빠지고 여유가 생겼다.

자신의 내공을 강하게 단련하여 부드럽고 넉넉하며 여유로운 사람이 되자.

부모 자식 간에는
사랑하기에 다하지 못한 말이 있습니다.
당신의 마음을 보여주세요.

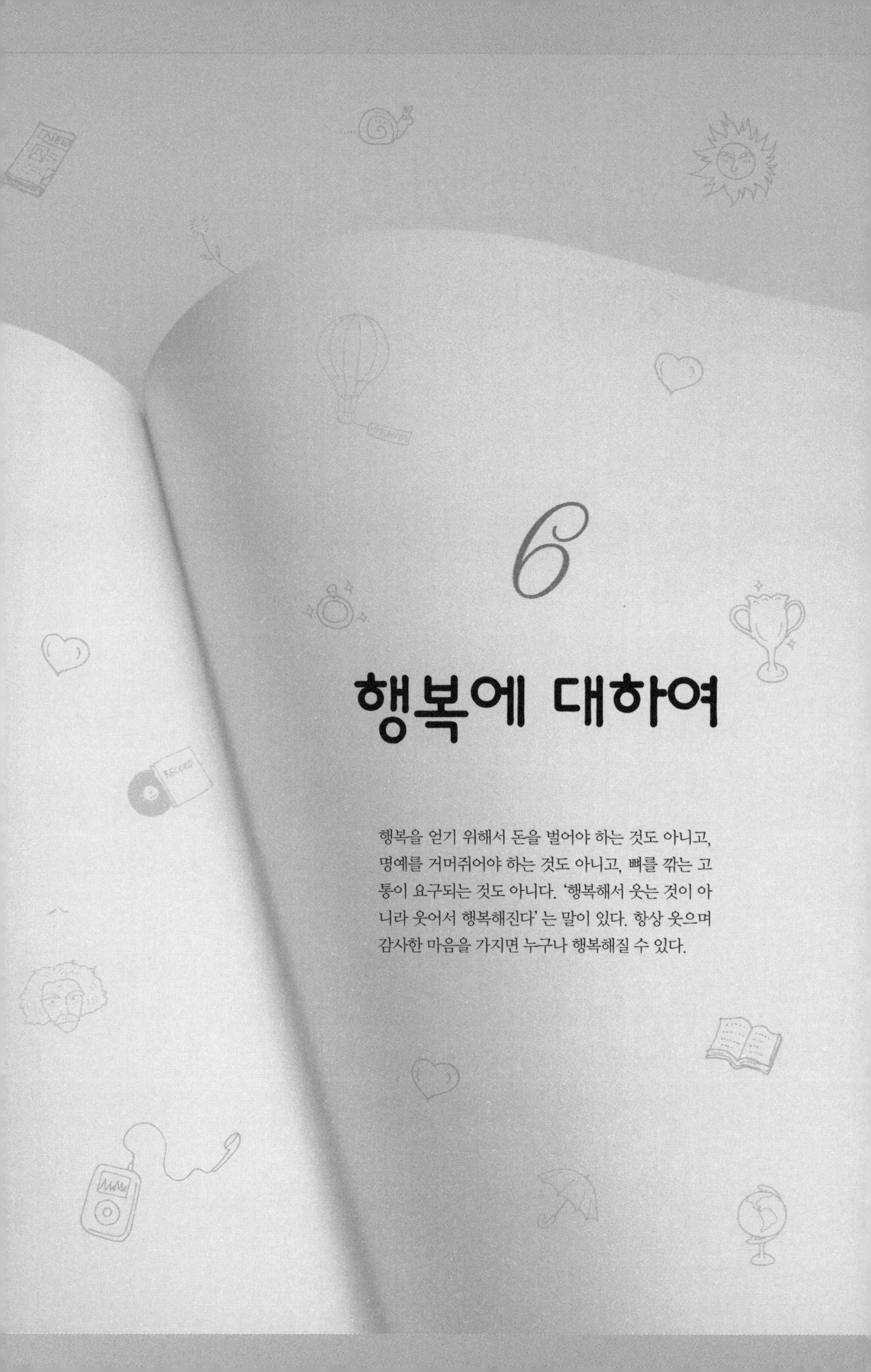

6

행복에 대하여

행복을 얻기 위해서 돈을 벌어야 하는 것도 아니고, 명예를 거머쥐어야 하는 것도 아니고, 뼈를 깎는 고통이 요구되는 것도 아니다. '행복해서 웃는 것이 아니라 웃어서 행복해진다' 는 말이 있다. 항상 웃으며 감사한 마음을 가지면 누구나 행복해질 수 있다.

내가 행복해야 모두가 행복하다

양육과 교육에 대한 부담감으로 인해 부모들은 대개 자녀들을 간섭하게 된다. 그 과정에서 마찰과 갈등은 피해 갈 수 없는 과정으로 다가온다. 내 경우도 예외는 아니어서 큰아들과 갈등을 많이 겪었다. 큰아들은 조금만 야단을 쳐도 눈물이 많았다. 그 아이를 다그치고 윽박지르며 '남자는 울어서는 안 된다' 는 것을 교육시켰다. 아이는 점점 자신감을 잃는 것 같았고 내 눈치를 보며 항상 거북스러운 표정을 지었다.

그런데 어느 날 곰곰 생각해 보니 아이의 그 눈물 속에 내 어린 시절이 있었다. 내 부모님은 한 번도 내 눈물을 받아준 적이 없었다. 내 아버지 세대들은 대체로 가정의 모든 주도권을 쥔 권력자였다. 권위가 셀수록 비판적이었다. 그런 성향의 아버지들은 자식에 대한 기대가 높아 늘 꾸지람과 분노를 앞세웠다.

"이것도 공부라고 하는 거냐?"

"네가 하는 일이 늘 그렇지 뭐."

우리는 아버지를 만족시키기 위해 늘 1등을 해야 했고, 달리기를 해도 1등이어야만 했다. 현실과 꿈의 불일치는 자식들에게 반항심을 불러일으켰다. 이런 행동이 아버지를 더욱 분노하게 했고 우리는 늘 기죽어 지냈다.

내 아이가 소리 없이 흐느낄 때마다 내 과거의 아픈 생채기를 건드리는 것 같았다. 이제 내가 나를 용서해야만 했다. 나를 용서하니 큰아들이 달라 보였다. 아이가 초등학교 6학년이 되었을 때 내가 이런 말을 했다.

"그래, 울고 싶을 때 실컷 울어라. 이 모든 게 아버지 문제였다."

나 자신을 성찰함으로서 아들과의 성격으로 인한 갈등은 어렵지 않게 마무리되었다.

아들이 중고등학교에 진학했을 때는 진로문제로 갈등을 겪었다. 나는 한 의과대학에서 7년간 교목생활을 하며 학생들을 상담했던 경력이 있다. 학생들의 70%가 적성에 맞지 않아 고민이 심각했다. 왜 의대에 왔느냐고 물으면 이구동성으로 이런 말을 했다.

"부모님이 가라고 해서……."

그 학생의 부모들은 자신들이 못 이룬 꿈을 이루게 하기 위해 자식을 의대에 입학시켰다. 처음에는 그런 대로 버티지만 본과에 진학하면 학업에 흥미를 잃기 마련이다. 부모 몰래 재수하거나 전과하는 경우도 있었다.

부모는 자신의 못다 이룬 꿈을 자식이 이루어주기를 바라는 마음을 품곤 한다. 내 온전한 유전자를 이어받은 자식이 나와 비슷한 자질을 갖고 내 꿈을 이뤄줄 것이라는 착각에 빠진다. 자식의 미래에 대해 여러 가지 시나리오를 쓰지만, 그것은 이룰 수도 없고 평생 버릴 수도 없는 아버지들의 로망일지도 모른다. 나 역시 이루지 못한 꿈이 있었다. 대학 학보사 기자 출신이라서 기자가 되고 싶었지만 이루지 못했다. 내 못 이룬 꿈을 아들이 이뤄주기를 바라는 마음에, 아들이 글 쓰는 일을 하기를 원했다. 아침마다 기도할 때도 큰아들의 머리를 꾹 누르면서 외치듯이 말했다.

"주여, 이 아들이 대기자가 되어 세계를 누비게 하여 주시옵소서."

나는 아들에게 〈워싱턴타임즈〉를 읽는 숙제를 내주었다. 아들은 스트레스를 받았지만 여전히 글쓰기보다는 돈 계산을 하거나 돈 버는 이야기를 좋아했다. 마음에 들지 않는 물건을 사면 어떻게 해서든지 동생을 꼬여서 팔았고, 다른 집에 놀러가서도 그 집이 몇 평인지 그 집에 사는 사람의 수입이 어느 정도인지를 계산하느라 바빴다. 혹시 누군가가 그 이야기를 듣고 아파트 평수로 사람의 수

준을 매기는 아이로 생각할까봐 걱정되기도 했다.

내가 정말 큰맘 먹고 뮤지컬 공연에 데려갔을 때도 마찬가지였다. 그동안 보았던 뮤지컬과는 그 규모가 다름에 아들이 감동받기를 기대했다. “아빠! 역시 스케일이 다르네요. 멋있어요” 하는 말을 기다렸건만, 아이는 엉뚱하게도 좌석의 수를 헤아리며, 좌석 하나에 가격이 얼마니까 1회 공연 당 수익은 얼마, 한 달이면 얼마, 1년이면 매출이 얼마라는 이야기를 늘어놓았다.

‘이것을 좋게 해석해야 하나, 아니면 군기를 잡아야 하나.’ 집으로 돌아오는 길에 나는 아무 말도 하지 않았다. 입을 열면 화를 터뜨릴 것 같아서 꾹 참고 있었다. 기회가 있을 때마다 아들의 마음을 돌려놓으려고 우회적으로 말하기도 여러 번이었다.

"제발 돈, 돈 하지 마라. 인생에는 돈 말고도 가치 있는 일이 얼마든지 많아. 인생의 궁극적인 목적이 돈이 될 수는 없는 거야. 좋은 차를 갖고, 좋은 집을 갖고, 돈을 많이 번다고 행복해지는 것도 아니거든."

아빠와 엄마가 한 마음으로 돈 이야기를 싫어한다는 걸 알게 된 이후, 아들은 더 이상 돈 이야기를 꺼내지 않았다. 그러던 어느 날 아들이 저금통에 잔뜩 모아놓은 동전을 헤아리며 말했다.

"엄마! 저는 돈 세고 있을 때가 제일 재미있고 행복해요."

나는 한 대 얻어맞은 기분이었다. 결국 아들이 회계학을 전공하겠다고 결정한 후에야 주식투자를 경험해 보라고 돈을 조금 건네주었다. 그러고는 깨달았다. 그동안 내 꿈을 아들이 대신 이뤄주기를 바라는 마음에 아들이 진정으로 원하는 것이 무엇인지를 생각하지 못했던 것이다. 그때서야 비로소 자식들도 각자 타고난 재능이 다르다는 사실을 알았다. 아이들을 통해 내 영혼이 치유받은 느낌이었다.

그런가 하면 둘째아이는 지나치게 숫자 개념이 없어서 나를 난감하게 만들었다. 아무리 설명해도 기대만큼 달라지지 않는 아이를 보면서 우리 부부는 걱정을 많이 했다. 장남에 대한 기대가 큰 만큼 차남은 자기주장이 없어지고 눈치만 살피기 시작했다. 스스로 과보호 환경을 만들어 그에 안주하는 것 같았다. 형은 아버지에게 인정받기 위해 몸부림치고 있었고, 동생은 열등의식이 자리잡아 갔다. 언젠가 두 형제가 주고받은 메일을 보고 나는 많이 울었다.

그러나 둘째에게는 큰아이와는 다른 재능이 있다는 것을 발견했다. 반짝이는 창의성으로 주변 사람들을 놀라게 했다. 둘째가 중학생 때였던 것으로 기억한다. 세포를 표현해 오라는 과학 프로젝트였는데, 문구점에 가서 재료를 사지 않고 부엌으로 달려가더니 깨소금을 뿌려서 세포를 해결했다. 아이의 창의적인 생각에 나도 놀랐지만 선생님도 아이의 아이디어를 높게 평가하여 A+를 주셨다.

아이들의 그런 모습을 보며 많은 생각을 했고 깊이 반성했다. 그리고 결론을 내렸다. 부모 자식 간에는 언제든지 솔직하게 마음을 털어놓고 이야기할 수 있어야 한다. 아울러 그들의 인생은 그들 스스로 살게 해줘야 한다는 것이다.

대범한 척은 혼자 다했으면서 언제부터 내 마음속에 성공 지상주의가 자리 잡았을까, 아이들의 행복보다는 나의 체면과 과시를 중요하게 여겼던 것은 아닐까. 그 이후 나는 마음속으로 한바탕 전쟁을 치렀다. 아무리 목사라는 직업을 가졌지만 아들에 대한 기대와 욕심을 버리기 쉽지 않아서였다. 그러나 마음을 비우고 바라보자 아이들의 재능을 있는 그대로 인정할 수 있었다. 큰아들은 지금 자기 재능대로 회계학을 공부해 그 길을 가고 있다.

살면서 더욱 분명해지는 진실 한 가지는 '성공을 위해 살면 불행해지고, 행복을 위해 살면 성공하더라!'는 사실이다. 지금도 그렇다. 자식들이 무슨 일을 하든지 행복하기만 하면 나는 만족한다. 자식이 행복하다는데 어느 부모가 그 길을 막을까.

1등의 조급함보다 2등의 여유가 더 좋다

내가 어릴 때 가장 많이 들었던 말이 있다.

"몇 등 하는데?"

밥상 앞에서도 그 소리는 예외가 아니었다. 어머니는 어김없이 이렇게 물으셨다.

"오늘 누가 일등 할래?"

우리 형제는 식지도 않은 뜨거운 밥을 입 안에 쑤셔 넣느라 입천장을 자주 데었다. 왜 그렇게 일등을 강요했을까.

'역사는 1등만을 기억합니다' 라는 광고문구가 기억난다. 상당히 오래 전 광고인데도 워낙 메시지가 강하다 보니 10년이 지난 지금까지도 기억해 내는 사람이 많을 것 같다. 린드버그, 그레헴 벨, 암스트롱을 내세워 '역사는 1등만을 기억합니다' 라고 강조하며 비슷한 업적을 이루었음에도 불구하고 2등이었던 사람은 아무도 기억하지 못한다고 말하던 광고였다.

"클래런스 챔벌린은 린드버그보다 2주 늦게 대서양 횡단에 성공

한 사람이다. 하지만 아무도 2등은 기억하지 않는다.

에리사 그레이는 그레헴 벨보다 1시간 늦게 전화기 발명에 성공한 사람이지만 아무도 2등은 기억하지 않는다.

닐 암스트롱에 이어 두 번째로 달 표면에 내려선 사람도 있지만 아무도 2등은 기억하지 않는다."

이 광고의 메시지는 오랫동안 연구해 온 신제품일지라도 며칠 차이로 뒤지면 아무 소용없는 물건이 되므로 살아남으려면 최고가 되어야 한다는 것이다. 그러나 상품과 달리 1등 한 사람들의 삶을 생각하면 그들이 진정으로 행복했을까 의구심이 든다. 1등이었던 린드버그, 그레헴 벨, 암스트롱의 삶은 행복했을까? 2등을 했던 사람들은 불행하기만 했을까? 달에 인류 최초의 발자국을 남김으로써 역사에 기록된 닐 암스트롱은 한창 크는 자식들과 시간을 함께 보내지 못할 정도로 출장이 많았다고 회고하며 오히려 명성이 족쇄가 되었다고 말했다.

올림픽 경기를 지켜보면서도 비슷한 생각을 한 적이 있다. 단지 1점의 차이 혹은 몇 초의 차이로 금메달과 은메달이 갈리고 응원하던 사람들의 환호성이 달라진다. 언론에서 다루는 기사의 비중도 엄청난 차이가 난다. 은메달이나 동메달을 딴 선수들은 비록 1등은 아니지만 값진 2등과 3등을 했다. 금메달을 따지 못했다는 이유로 죄인처럼 고개를 떨어뜨리는 그들의 모습이 몹시 안타까웠다. 금메달과 은메달로 그들의 인생이 일류 인생과 이류 인생으로 나뉘는 듯하고, 그들의 행복과 불행이 결정되는 것 같아 기분이 좋

지 않았다. 1등만을 최고의 가치로 여기고 1등만을 추구하는 사회 분위기 속에서 정말 2등이 설 자리는 없는가 싶다.

우리의 자녀들이 혹시 1등만이 최고라고 여기며 인생을 살아갈까 걱정이 된다. 솔직히 1등 하는 것을 싫어할 사람은 없다. 그러나 그로 인해 야기되는 번민과 갈등은 행복과는 거리가 멀다. 나는 아들에게 1등이 아닌 2등의 여유를 가지라고 말한다. 1등은 견제하는 사람도 많고 쫓는 사람이 많아서 항상 불안하다. 그러나 2등은 편안하다. 2등에게는 다음에 1등이 될 가능성과 기회도 있다. 1등이 아닌 진정한 행복을 추구하는 삶을 살아가야 한다.

모자람은 성장의 동력이다

세상의 모든 부모는 자식이 잘 먹고 잘 살기를 바라는 마음에서 최선을 다해 뒷바라지한다. 자식은 힘들게 사는 부모를 모른 척해도, 부모는 그런 자식을 눈 뜨고 못 본다. 가능하면 내 아들이 불안한 삶보다는 안정적인 삶을 살기를 바라며 모자라는 인생보다는 채워지는 인생을 살기를 바란다.

이러한 마음은 사실 부모들의 욕심이다. 옛날에는 자식이 잘 살아야 늘그막에 자식이 차려주는 밥을 얻어 먹을 수 있었다. 그러나 요즘은 그런 생각하는 부모들이 거의 없다.

나는 오히려 자식들에게 부족함 없이 지원해 주는 것이 결핍을 견디지 못하는 아이로 만드는 것은 아닐까 생각해 본다. 특히 물질적으로 풍요롭게 생활하는 아이들을 보면서 걱정스런 마음이 든다. 그런 아이들은 조금의 불편함도 참지 못하고, 쉽게 불평과 불만을 늘어놓게 된다. 그나마 부모의 울타리 안에 있을 때는 괜찮지만 부모가 언제까지나 울타리가 되어줄 수는 없다. 그때를 생각해서 오히려 모자람이 인생의 커다란 축복이 될 수도 있다는 사실을 알려주어야 한다.

기준치에 미치지 못하는 모자람은 열등감이 되고, 자신에 대한 불평과 불만으로 이어진다. 때로는 자신의 살을 찔러대는 가시가 되기도 한다. '나는 왜 이렇게 얼굴이 못났지?' '나는 왜 이렇게 가난하지?' 그러나 인류 역사를 보았을 때 모든 발전은 모자람에서 출발한다는 것을 알 수 있다. 인류 역사는 모자람을 인식하고 그것을 채우기 위해 도전함으로써 발전해 왔다. 신경정신과 의사인 이시형 박사도 비슷한 이야기를 했다.

"힘은 어디서 유래하는 걸까? 정신 의학적 설명을 하자면 힘은 '모자람'에서 온다. 배가 고파야 동물은 움직일 동기가 생기고 따라서 힘이 생긴다. 모자라면 불만이 생긴다. 우린 언제나 모자랐기에 불평을 했다. 그게 우리의 가난하고 힘든 역사였다. 하지만 그랬기에 우리는 강했다. 모자라면 그만큼 채우기 위해 뛰어야 하고 뛰기 위해선 힘을 내야 했다. 우리 민족의 저력은 바로 이 '모자람'에서 비롯되고 있다. 모자람의 미학이란 말이 결코 없는 자의 자위가 아니다. 모자람은 축복이다."

모자람이 성장의 동력이 된다. 모자람을 발견하는 순간 자괴심에 빠져드는 이가 있는가 하면 모자람을 채우기 위해 목표를 세우고 도전하는 이들도 있다. 넉넉해서 복이 아니다. 모자라서 불행도 아니다. 모자람을 기회로 삼지 못하는 게 불행이다. 그렇다고 풍족함이 죄도 아니다. 풍족함이 게으름으로 변할 때 불행이 된다.

결핍을 삶의 동기로 만드는 사람은 성공의 문을 향해 나아갈 수 있다.

오늘, 지금 이 순간 행복하라

1859년에 창립된 명문 웰튼 고등학교의 새학기. 이 학교 출신인 키팅 선생이 영어 교사로 부임한다. 그리고 그는 파격적인 수업 방식으로 학생들의 마음을 사로잡는다. 영화 〈죽은 시인의 사회〉 내용이다. 영화 속에서 키팅 선생은 학생들에게 이런 질문을 던졌다.

"시간이 있을 때 장미 봉우리를 거두라. 이걸 라틴어로 표현하면 '카르페 디엠' 이지. 이게 무슨 뜻인지 아는 사람?"

학교 박물관으로 학생들을 데리고 가 졸업생들의 사진을 가리키며 이렇게 말했다.

"이쪽으로 와서 과거의 얼굴들을 지켜봐라. 여러 번 이 방을 왔어도 유심히 본 적은 없었을 거다. 너희와 별로 다르지 않을 거야. 그렇지? 머리모양도 같고, 너희처럼 세상을 그들 손에 넣어 위대한 일을 할 거라 믿고, 그들의 눈도 너희들처럼 희망에 가득 차 있다. 하지만 그 당시 그들의 능력을 발휘할 시기를 놓친 것일까? 왜냐하면 이 사람들은 죽어서 땅에 묻혀 있은 지 오래다. 하지만 여러분들이 잘 들어보면 그들의 속삭임이 들릴 것이다."

Carpe diem!
free

그리고 이렇게 속삭였다.

"자, 귀를 기울여봐, 들리나? 카르페, 들리나? 카르페, 카르페 디엠. 현재를 즐겨라. 인생을 독특하게 살아라!"

요즘 들어 읽는 책마다 카르페 디엠의 정신을 드러내는 글이 유난히 많은데, 시빌 패트리지의 아름다운 글이 있어서 적어본다.

오늘만은 행복하자
링컨의 말처럼
사람은 스스로 행복해지려고 결심한 정도만큼 행복해진다
행복은 외부에서 오는 것이 아니라 내부에서 오는 것이다

오늘만은 주변의 상황에 맞추어 행동하자
나에게 주어진 가족과 일과 운명을 긍정적으로 받아들이고
창조적으로 적응시키자

오늘만은 몸을 조심하자
적당히 운동을 하고 충분한 영양을 섭취하자
몸을 혹사하거나 경시하지 말자
그럴 때 몸은 나의 명령에 기쁨으로 따를 것이다

오늘만은 마음을 강하게 갖자
나에게 이로운 것을 배우고
정신적인 게으름뱅이가 되지 말자

마음과 생각을 강하게 하는 책을 읽도록 하자

오늘만은 남이 모르는 선을 베풀자
내가 하고 싶지 않아도 주님이 원하시면 기쁨으로 감당하도록 하자

오늘만은 명랑하게 살자
되도록 힘이 넘치는 모습을 보이고 어울리는 옷을 입고
예의바르게 행동하고 아낌없이 남을 칭찬하자
남을 비판하거나 훈계하거나 지적하거나 경고하지 말자

오늘만은 오늘의 일에 최선을 다하자
인생의 모든 문제를 한꺼번에 처리하려 하지 말고
한 번에 하나씩 해결해 나가자
오늘의 일을 내일로 미루지 말자

오늘만은 하루의 계획과 프로그램을 세우자
시간마다 할 일을 정하고 토막시간을 최대한으로 아껴서 활용하자
시간은 금이 아니라 생명이다

오늘만은 30분간 조용히 기도하고 묵상하자
하나님을 생각하고 나 자신을 돌아보고

가족과 다른 사람을 생각하자

오늘만은 두려움을 갖지 말자
행복과 사랑과 아름다움을 기대하자
주 안에서 반드시 좋은 일이 일어날 것을
마음으로 믿고 입으로 선포하자
오늘은 반드시 행복할 것이다

행복도 노력이다

사춘기에 접어들면 자녀는 부모와 대화의 문을 닫아 걸기 쉽다. 세상에 대한 불만이 반항투의 말로 나타난다. 한번은 아들이 나에게 지나가듯이 던진 질문이 있다.

"노력한다고 행복해질 수 있을까요?"

그 순간 나는 당혹스러웠다. 실제로 주변 인물들을 보면 아무리 노력해도 행복해지지 않는다는 사람들이 많다. 그렇다면 행복은 처음부터 타고난 것인가? 아들이 무심코 던진 말에 나는 많은 생각을 하게 되었다. 행복은 얼마든지 노력해서 만들 수 있는 것이라고 목소리 높여 외쳤었는데 나는 갑자기 기운이 쭉 빠졌다. 내 아들이 지금 행복하지 않구나. 세상에 대해 분노하고 있으며, 불만이 쌓여 우울해 하고 있구나 싶었다. 마냥 천진난만한 어린아이라고 생각했는데 이제는 유년기를 지나 청년기로 접어들어 성장하고 있구나 싶어 뿌듯하면서도, 한편으로는 질풍노도의 시기를 지혜롭게 잘 견뎌야 할 텐데 하는 걱정이 앞섰다. 내가 다시 되물었다.

"왜 아무리 노력해도 행복하지 않을 것 같니?"

아들은 더 이상 답이 없었다. 아들도 나처럼 머릿속에 행복을 그리면서 산다는 것만큼은 틀림없어 보여 한편으론 안도했다. 그것은 무언의 몸짓에서 알 수 있었다. 왜 이렇게 행복은 어려운 것일까. 언어로도 제대로 설명이 안 되는 이 무형의 실체를 어떻게 찾아낼 수 있을까.

지금까지 심리학 분야에서 행복감은 거의 유전적인 요인에 의해 결정되는 것이고, 불행한 사람은 아무리 노력해도 행복해질 수 없다는 의견이 지배적이었다. 그래서 노력에 의해 행복해진다는 것과 행복의 법칙을 이야기하는 것은 사기꾼들의 소행이라고 몰아붙이는 심리학자도 있었다. 이런 논리에 따르면 행복전도사를 자처하는 나도 사기꾼 중의 한 사람인 셈이다. 과학자들도 인간의 심리 조절장치가 행복감을 증진시키려는 어떠한 시도도 무력하게 만든다고 생각해 왔다. 행복해지려는 인간의 노력은 대부분 부질없는 짓이라는 주장은 더욱 설득력 있게 받아들여졌다.

하지만 사기꾼들의 소행으로 몰아붙였던 행복의 법칙들이 실제 효과가 있는 것으로 입증되고 있다. 대표적인 것이 펜실베이니아 대학의 마틴 셀리그먼 교수팀의 연구결과다. 이 연구팀은 500명 이상을 대상으로 행복감 증진 프로그램을 실시한 결과 행복감의 증진과 우울증의 감소를 계량적으로 측정할 수 있었다. 펜실베이니아 대학의 연구팀이 제시한 행복방법론은 의외로 단순하다.

1. 매일 밤 그날의 좋은 일 3가지 생각하기
2. 자신의 장점 5가지를 찾아 매일 새롭게 적용하기

3. 일상의 즐거운 일을 적극적으로 즐기기

4. 남에게 기억되고 싶은 자신의 모습 적어보기

5. 한 가지 일을 반복하지 않고 다양한 일을 하기

6. 인생에서 가장 즐거웠던 일을 생각하기

7. 10년 뒤 가장 잘된 자신의 모습 떠올리기

행복을 얻기 위해서는 돈을 벌어야 하는 것도 아니고, 명예를 거머쥐어야 하는 것도 아니고, 뼈를 깎는 고통이 요구되는 것도 아니다. 그저 매일 5분 정도 시간을 내어 한 가지씩 실천하면 되는 것들이다. '행복해서 웃는 것이 아니라 웃어서 행복해진다' 는 말이 있다. 항상 웃으며 감사한 마음을 가지면 누구나 행복해질 수 있다. 이 연구팀의 연구 결과가 아니더라도 내 경험에 의하면 행복은 노력에 의해서 얼마든지 가능하다.

돈은 바르게 쓰기 위해 모으는 것이다

가난한 억만장자 척 피니에 대한 이야기가 한동안 회자된 적이 있었다. 그는 지난 25년간 4조원이라는 엄청난 돈을 전 세계 여러 자선단체에 기부했지만, 정작 얼굴조차 잘 알려지지 않았다. 그 자신은 싸구려 손목시계를 차고 허름한 식당에서 식사하는 청렴한 생활을 하고 있어서 더욱 궁금증을 자아냈다. 자신 명의의 집도 차도 없는 상태에서 사회에 대부분의 재산을 기부해서 '억만장자가 아닌 억만장자'라는 별명으로도 불렸다. 나는 척 피니의 실천적인 삶에 깊은 감동을 받으면서, 재산 전부를 기부할 수 있는 용기는 어디에서 나오는 것일까 하는 궁금증을 가졌다.

"나에게는 절대로 변하지 않는 생각이 있습니다. 바로 재산은 사람을 돕기 위해 써야 한다는 원칙입니다. 그리고 나는 내가 자랄 때의 그 방식 그대로 정상적인 삶을 살려고 노력했을 뿐입니다."

그는 자신의 능력만으로 재산을 모을 수 있었다고 생각하지 않았고, 행운이 있었기에 가능했다고 생각했다. 자신의 재산을 자식에게 물려주는 것보다 소외받은 사람들을 위해 사회에 환원하는 것이 의미 있는 일이라고 여겼다. 한마디로 돈을 바라보는 관점이 남다르기 때문에 가능한 일이었다.

내가 고정 패널로 참석하는 TV 프로그램의 게스트를 보면서도 비슷한 생각을 했다. 카이스트에 578억 원을 기부한 류근철 박사 이야기다. 일반인이 쉽게 상상할 수 없는 거금을 기부했다는 것도 화제였지만, 그것을 기업이 아닌 개인이 기부했다는 사실에 입을 다물지 못하는 사람이 많았다. 자신이 살고 있는 집을 제외하고는 평생 동안 모은 재산을 모두 카이스트에 기부했다. 어떻게 그렇게 많은 돈을 모을 수 있었을까 하는 세속적인 궁금증부터 어떻게 그런 결정을 내릴 수 있었을까에 이르기까지 궁금증이 꼬리를 물고 이어졌다.

"돈은 쫓아다니며 모으려고 한다고 모아지는 것이 아니지요. 돈이 나를 쫓아오게 만들어야지요. 그러기 위해서는 첫째, 사람 관계를 저축해야 합니다. 둘째, 건강을 저축해야 합니다. 그리고 마지막으로 돈을 저축해야 합니다. 저는 어릴 때 가난하게 살아서인지 근검절약이 몸에 배어 있어서 돈을 쓰지 않고 열심히 모을 수 있었어요."

무조건 돈을 모으겠다고 생각하지 않고 주변을 돌아보며 사람을 챙기고, 자신의 건강을 챙기니까 돈을 저축할 수 있었다는 의미이다. 주변에 보면 돈을 모으겠다는 일념으로 친구나 친척도 외면하고, 건강까지도 해치는 사람이 있다. 인간관계를 잃고 건강까지 잃으면서 돈을 모은다는 것이 진정 가치 있는 일일까.

지갑을 먼저 여는 사람이 리더이다. 그리고 20대에 건강을 챙기

지 않으면 30대가 힘들어지고, 30대에 건강을 챙기지 않으면 40대가 초라하다. 그리고 40대에 건강을 챙기지 않으면 50대가 비참하다. 건강할수록 더욱 건강에 신경 써야 한다.

사람을 챙기고 건강을 챙기고 돈을 챙겼다는 말이다. 사실 돈을 모으는 것도 어려운 일이지만 잘 쓰는 것도 그에 못지않게 어려운 일이다. 류근철 박사는 많은 돈을 모았고 그 돈을 어떻게 쓸 것인지에 대해서도 남다른 생각을 지니고 있었다.

"저는 돈을 딸로 생각합니다. 잘 키워서 시집보내는 딸 말입니다. 좋은 신랑감이 나타나면 얼른 시집보내야지 왜 끼고 있습니까? 저는 카이스트가 딸을 시집보낼 아주 좋은 신랑감이라는 생각이 들더군요. 우리나라가 성장하기 위해서는 과학 기술의 발전이 필수이고, 그 역할을 선도적으로 이끌어나갈 수 있는 곳이 카이스트라고 생각했어요."

자신은 돈을 잠시 보관하고 있었을 뿐이지 영원히 소유했다고 생각하지 않기에 거금을 기꺼이 기부할 수 있었다고 한다. 나도 모르게 고개가 숙여지면서 척 피니나 류근철 박사가 생각하는 돈에 대한 철학을 자식들에게 이야기해 주고 싶었다. 범인들은 생각하지 못하는 부에 대한 올바른 관점이 있었기에 거금을 모을 수 있었고, 또한 거금을 선뜻 사회에 환원할 수 있었던 것이다.

더불어 성공하는 사람이 진정한 승리자다

결혼식 주례 부탁을 받으면 기쁘면서도 어깨가 무거워진다. 나의 주례로 세상에 또 한 쌍의 부부가 탄생한다는 기쁜 마음도 있지만, 한편으로는 이들 부부가 어떠한 어려움이 있어도 서로 사랑하는 마음을 잊지 않고 살아가야 할 텐데 하는 걱정스런 마음이 앞선다. 그래서 어떻게 하면 부담감을 줄여볼까 고민한 끝에 한 가지 방법을 생각해 냈다.

결혼식에서 잠깐 들려주는 주례사로는 하고 싶은 이야기를 충분히 전할 수 없으니까 결혼 전 예비부부에게 많은 시간을 투자하여 사랑, 성, 시부모님과의 관계에 대해 충분히 이야기를 나누도록 하고, 대신 조건을 하나 붙였다. 결혼한 후에 서로 사랑하는 마음을 조금 더 확장하여 이웃에게 관심을 기울이고 나눔과 봉사를 실천하며 살겠다는 약속을 받는 것이다.

장애우 집에 찾아가서 아이들을 돌보거나 집 없는 가정에 집을 지어주는 일도 좋고, 어려운 집을 찾아가 도배를 해주거나, 장기기증에 서명해서 죽기 전에 남을 이롭게 하는 일 등 찾아보면 실천할

수 있는 일들이 정말 많다. 결혼한 후에 주변의 소외된 이웃을 위해 봉사하도록 권유하면, 대부분 약속을 한다.

나는 이 약속을 씨를 뿌리는 마음으로 시작했는데, 지금까지 주례한 횟수를 생각하고 앞으로 할 횟수를 생각한다면 언젠가는 활짝 꽃을 피우리라 믿는다. 예전보다 나눔을 실천하는 사람이 늘어나고 있지만, 여전히 어떻게 나눔을 실천해야 할지 모르겠다는 사람이 많다. 그러나 작으나마 한 번 경험하면 나눔에 그렇게 거창한 결심이 필요하지 않다는 사실을 알게 된다.

흔히 나눔은 돈이 많은 부자만이 할 수 있는 일이라고 생각하기 쉽지만, 그렇지 않다. 돈이 있는 사람은 돈의 일부를 기부하고, 시간이 있는 사람은 노력 봉사를 하고, 물건이 있는 사람은 물건을 나누고, 재능이 있는 사람은 자신의 재능을 나누면 된다. 그저 다른 사람과 자신의 일부를 나누겠다는 마음만 있으면 된다.

그런 의미에서 지난번 많은 사람들이 참여한 태안반도 봉사 활동은 참으로 의미가 깊다고 생각한다. 태안반도를 살리기 위해 작은 힘이나마 보태겠다고 모여든 사람들은 그 경험을 통해 진정한 봉사의 의미를 깨달았을 것이다. 처음에는 다른 사람을 돕기 위해 시작한 봉사가 궁극적으로는 자신을 행복하게 만든다는 사실도 깨달았을 것이다. 아들이 방학을 이용해서 스리랑카 쓰나미 봉사 활동을 다녀와서 이런 이야기를 했다.

"스리랑카로 가기 위해 공항에 들어서는데 외국으로 여행을 떠나는 사람들이 그렇게 부러울 수가 없었어요. 나는 봉사활동을 하기 위해 떠나는데 다른 사람들은 모두 즐거운 마음으로 여행을 떠나는 것처럼 보였으니까요. 그런데 막상 쓰나미가 휩쓸고 지나간 피해지역에 도착하니까 마음이 착잡해지면서 많은 생각이 들었어요. 어깨에 커다란 기계를 메고 마을 소독 작업을 하는데 정말 힘들더라고요. 그렇지만 봉사 활동을 끝내고 나서는 내 인생에서 이렇게 보람된 적이 없었다는 생각이 들었어요. 마을 주민들이 어설픈 영어로 고맙다는 말을 전하고 많은 사람들이 나의 작은 손길을 기다리고 있다고 생각하니까, 내가 비록 가진 것이 작지만 나누면 이렇게 커진다는 것을 알 수 있었어요."

그 말을 듣고 나는 무척 뿌듯했다. 이 체험은 앞으로 살아가는데 밑거름이 될 것이다. 주변을 둘러보면 통역이나 번역하는 재능

을 살려서 나눔에 참여하는 사람들도 있고, 집에서 안 쓰는 물건이 나 책을 기증함으로써 어려운 사람을 돕는 사람들도 있다.

실제 나눔을 실천하는 사람들을 보면 경제적으로 충분한 여유가 있는 사람보다 없는 살림을 쪼개고, 없는 시간을 내서 봉사 활동을 하는 사람들이 대부분이다. 사회에 나가 처음으로 받은 소중한 월급을 통째로 기부하는 사람이 있는가 하면, 많지 않은 월급 중에서 매달 정기적으로 기부하는 사람들도 있다.

학교를 마치고 사회에 발을 내딛는 젊은이들은 당장 눈앞에 닥친 일들에만 신경 쓰지 말고 어떻게 나눔을 실천하며 살 것인지를 곰곰이 생각해 보기를 바란다. 간디와 함께 비폭력 평화 운동을 펼

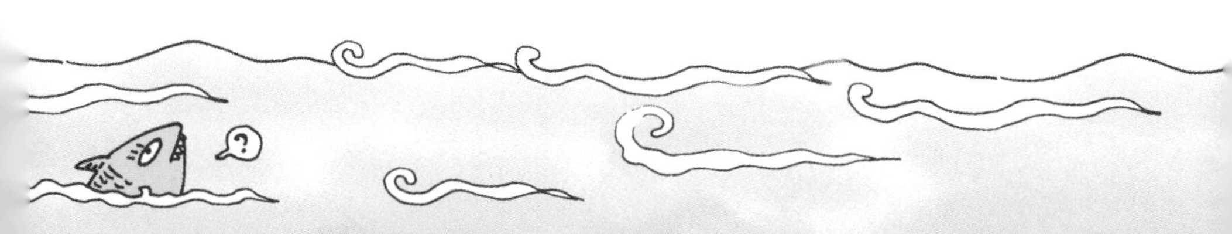

쳤던 인도의 성자 비노바 바베는 이렇게 말했다.

"당신이 부자라면 베풀어라. 당신이 가난한 사람일지라도 베풀어라. 못 가진 자는 아무도 없다. 어떤 사람은 재산을, 어떤 사람은 지식이나 육체적 힘을 가지고 있다. 더 나아가서 모든 인간은 사랑을 가지고 있다. 우리는 모두 베풀고 또 베풀어야 한다."

세상을 살아가면서 이재에 밝다는 것은 큰 도움이 된다. 자신의 몫을 다른 사람에게 빼앗기지 않고 잘 챙길 수 있고, 어떤 일이 있어도 손해 보지 않을 수 있다. 그러나 자칫 눈앞의 것만 보느라 큰 것을 보지 못할 수도 있다. 한 푼도 손해 보지 않으려 아등바등 하다 보면 여유로운 마음으로 옆을 돌아보지 못할 수도 있다.

어릴 때 나는 눈이 오면 눈싸움 할 생각에 즐겁기도 했지만, 한편으로는 집 앞 마당을 쓸어야 한다는 사실 때문에 무척 싫기도 했단다. 눈은 펑펑 내리는데 쓸어도 또 쌓이는 눈을 보며 기쁘기보다는 화가 났다. 집 앞 마당 쓰는 것도 귀찮아 죽겠는데, 엄마의 명령으로 옆집 마당도 쓸어야 했기 때문이었다.

"마당 쓸면서 비질 한 번만 더 하면 되는데 왜 우리 집 마당만 쓸고 마냐?"

집에서 팥죽이라도 쑤는 날이면 동네잔치로 이어져서 괴로웠다. 군침을 흘리며 죽 먹을 시간만 기다렸는데 어머니는 내 생각은 조금도 하지 않고 뒷집, 옆집, 앞집 죽 배달 심부름만 시켰다.

'도대체 나는 언제 먹으라는 거야. 내가 먹을 것은 남아 있기나 한 거야? 꼭 이웃과 나눠 먹어야 하나. 주지 말고 받지도 않으면 되잖아. 흥!'

속으로 그런 생각을 하며 아들보다는 이웃을 먼저 생각하는 어머니가 원망스러웠다. 그러나 살아보니 어머니의 교육 방법이 옳았다는 생각이 든다. 어머니를 원망하면서도 알게 모르게 어머니의 영향을 받았던 것이다. 친구를 사귈 때 나보다는 친구들을 먼저 생각하게 되었고, 이웃을 생각하는 습관이 자연스럽게 몸에 배어서 행동으로 이어졌다.

내가 만약 어릴 적 투덜거렸던 것처럼 다른 사람을 배려하지 않고 나만을 생각하고 내 잇속만을 챙겼다면 주변에 친구도 없고, 행복할 수도 없었을 것이다.

'남에게 먼저 주면 준 만큼 되돌아온다.'

남에게 주면서 돌아올 떡고물을 기대하는 것은 좋지 않지만, 내가 세상에 제공한 것은 어떤 형태로든 그대로 돌아오기 마련이다. 특히 친절을 베풀면 몇 배가 되어 돌아온다. 이것은 만고불변의 법칙이다. 지금 당장 돌아오지 않는다고 해서 실망할 필요도 없다. 내가 누군가에게 100을 주었는데 그 사람이 그만큼 나에게 보답하지 않는다고 해서 원망할 필요도 없다. 참고 기다리면 다른 시기에 다른 방법으로 돌아온다.

사실 세상을 살다 보면 화려한 경력이나 이력보다 남을 생각하는 마음이 더욱 중요할 때가 많다. 그리고 이러한 마음이 바탕이 되어야 진정한 리더가 될 수 있다. 사회에 첫발을 디딜 준비를 하는 아들에게 해주는 조언이다.

경쟁에서 이겨 성공할 생각을 하지 말고, 남과 더불어 살면서 성공하는 사람, 그가 바로 진정한 승리자다.

부모 자식 간에는
사랑하기에 다하지 못한 말이 있습니다.
당신의 마음을 보여주세요.

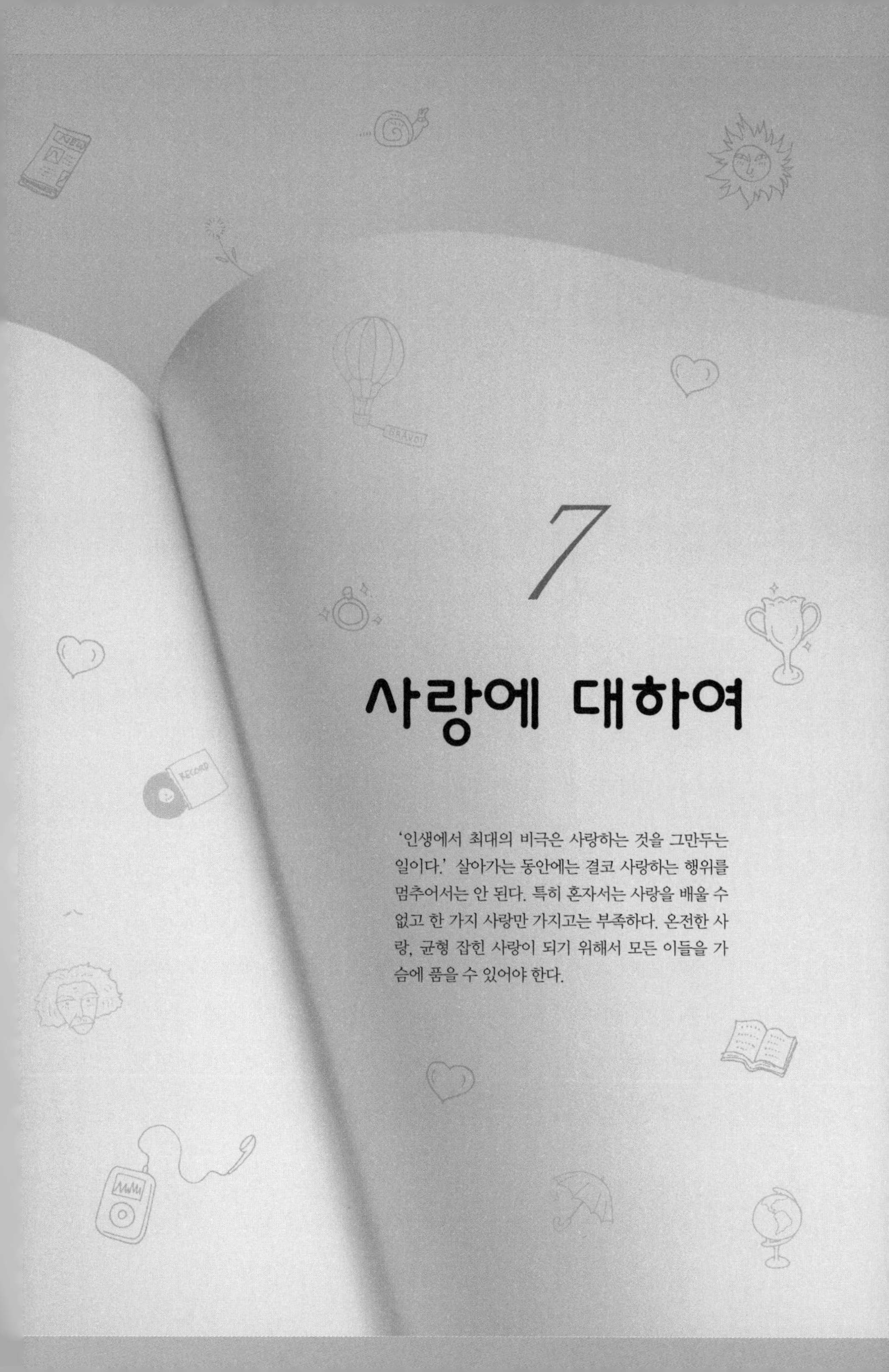

7

사랑에 대하여

'인생에서 최대의 비극은 사랑하는 것을 그만두는 일이다.' 살아가는 동안에는 결코 사랑하는 행위를 멈추어서는 안 된다. 특히 혼자서는 사랑을 배울 수 없고 한 가지 사랑만 가지고는 부족하다. 온전한 사랑, 균형 잡힌 사랑이 되기 위해서 모든 이들을 가슴에 품을 수 있어야 한다.

아버지도 자녀의 사랑으로 성장한다

얼마 전에 아내와 이야기를 하다가 아들이 초등학교 때의 일로 지금까지 죄책감을 느끼고 있다는 이야기를 들었다. 가슴이 철렁 내려앉았다. 그토록 오래 전의 일을 아직까지 마음에 담고 있다니. 오래 전 일이라서 기억하지 못한다고 생각했는데, 오랫동안 죄책감에서 벗어나지 못해 힘들었을 것을 생각하며 마음이 아팠다. 당시 나는 아들을 잘 키워보겠다는 의욕만 앞섰던 미숙한 아빠였다. 아들이 초등학교 5학년 때의 일이다.

부산에서 일산으로 이사하면서 아들이 혹시 사투리 때문에 학교에서 놀림이라도 당할까봐 걱정스러운 마음에 담임선생님께 아들의 행동특성, 장점, 약점을 편지에 적었다. 그리고 그것을 아들에게 전하라고 했었다. 편지에 자신의 이야기가 구구절절 적혀 있다는 사실이 싫었었는지 아들은 선생님께 전하지 않았고, 전했다고 거짓말을 했다.

“아빠가 정직하라고 했는데 거짓말을 했지?”

“네.”

“매를 맞지 않고 거짓말을 하는 나쁜 아이로 자라겠니? 아니면 매를 맞아서라도 거짓말을 하지 않는 아이로 자라겠니?”

“매를 맞겠어요.”

“그래. 거짓말쟁이가 되는 것보다 매를 맞고 거짓말하는 버릇을 뿌리 뽑는 게 좋겠다.”

아들을 몇 대 때린 후, 제대로 가르치지 못한 아빠도 책임을 져야 한다며 아들에게 나를 때리라고 했었다. 처음에는 때리지 않겠다고 버티다가 내 으름장에 어쩔 수 없이 두어 대를 내리치더니 울면서 방을 뛰쳐나갔다. 다행히 그 이후 아들은 단 한 번도 거짓말을 하지 않았다.

그런데 최근에 아들이 엄마와 이야기를 하다가 다음과 같이 말했다고 한다.

“그 사건 이후에 아빠에 대한 두려움이 남아 있어요. 그리고 아빠를 때린 아들이라는 자책감이 생겼어요.”

아들이 그런 생각을 하고 있을 줄은 정말 몰랐다. 우선 제 엄마에게 이제라도 마음을 털어놓았다는 것이 고마웠다. 그러지 않았으면 나는 여전히 아들의 마음속 응어리를 모른 채 지냈을 것이다. 나도 경험이 많이 부족하던 때라 완고하기만 했지 아들의 마음을 섬세하게 헤아리지는 못했었다.

그 다음날 아들이 아무렇지도 않게 “아빠! 안녕히 주무셨어요?”라고 이야기했을 때도 고맙다는 말을 제대로 하지 못했다. 사실 아들이 아무 일 없었던 것처럼 말을 걸어주어서 너무 기뻤다. 나도 툭툭 털어버리고 내가 아들을 얼마나 사랑하는지, 얼마나 고마웠는지 솔직하게 말했다면 지금까지 아들이 그런 죄책감을 느끼지 않았을 것이다. 그 당시 나로서는 최선이었을지 모르겠지만, 지금 생각하면 많이 어설펐다.

특히 당시에는 아들을 강하고 올바르게 키우는 것이 아버지의 임무라는 생각만 갖고 있었다. 그래서 사랑한다는 말보다는 '이렇게 해라, 저렇게 해라, 이렇게 하면 안 된다, 저렇게 하면 안 된다' 처럼 지시하는 말을 더욱 많이 했었다.

언젠가 아들이 말했다. "아빠. 전화를 할 때마다 왜 그렇게 자주 사랑한다는 말을 하는 거예요? 가끔 해야 그 말이 빛나지요." 하긴 자주 그 말을 되풀이하다 보면 진정성이 없는 형식상의 인사가 되어버릴 수 있다는 것을 알면서도, 아빠로서의 자책 때문에 그렇게 되풀이하는 것인지도 모른다. 처음부터 완벽한 아버지가 되어 시작하는 사람은 없다. 아버지도 자식과 함께 부딪치고 성장하는 것이다. 다시 아들을 키운다면 정말 잘 키울 수 있을 것 같은데 그럴 수는 없으니, 지금이라도 어릴 때 해주지 못했던 말을 더 많이 자주 해주고 싶다. 아들아! 정말 사랑한다!

사랑은 가꾸어가는 것

"엄마, 제가 여자 친구가 생겼는데, 사귀어도 돼요?"

큰아들이 고등학교 때였던 것으로 기억한다. 이성에 대한 호기심이 무척 많을 나이여서 자신의 감정에 대해 궁금해 하며 질문을 해왔다.

내 아들이 성장하여 이성에 관심을 갖고, 여자 친구를 사귀겠다고 하니 반가웠다. 자신의 감정을 솔직하게 이야기하고, 사귀어도 되냐고 물어보았다는 점에서 칭찬도 했다. 그러나 한편으로 우려스럽기도 했다. 제 엄마가 몇 가지 조건을 붙여서 여자 친구 사귀는 것을 허락했다.

여자 친구를 사귀겠다고 하는 아들에게 너무 앞선 이야기일 수도 있지만, 이성을 사귀는 것, 평생의 배우자를 만나는 것, 결혼을 하는 것은 정말 중요한 일이다.

처음에는 가슴이 설레고 보고 싶은 마음이 드는 것으로 시작하지만 사랑을 유지하기 위해서는 이성이 필요하다. 사귀다 보면 상대방에 대한 단점도 보이고 기다려야 할 때도 있고, 참아야 할 때도 있다. 그런 과정을 슬기롭게 극복하며 사랑을 유지하기 위해서는 고통과 인내가 따른다. 타오르는 감정이 식었다고 헤어지고 다시 새로운 사랑을 찾아나서는 것은 진정한 사랑이 아니다. 처음의 짜릿함과 설레는 감정이 사라졌어도 여전히 서로를 신뢰하며 사랑을 가꾸어나가는 것이 진정한 사랑이다.

아마 처음 만났을 때의 신선한 느낌만을 사랑이라고 한다면 그 어떤 사람도 결혼하여 평생 살 수 없을 것이다. 결혼하여 평생 사랑하며 살 수 있는 것은 배우자에 대한 책임과 의무를 다하겠다는 약속이자 의지를 동반한다.

아무튼 아들에게 사랑하는 사람이 생겼다는 것은 축하할 일이다.

만일 아들이 여자 친구에게 프로포즈를 하게 된다면 이런 식으로 하면 어떨까?

아버님이 도둑이세요? (아니요!)

• 그럼 어떻게 하늘의 별을 훔쳐서 당신 눈에 넣으셨죠?

응급처치 할 줄 아세요? (왜요?)

• 당신이 제 심장을 멎게 하거든요!

길 좀 알려 주시겠어요? (어디요?)

• 당신 마음으로 가는 길이요.

천국에서 인원점검을 해야겠어요. (왜요?)

• 천사가 하나 사라졌을 테니까요.

셔츠 상표 좀 보여주세요. (왜요?)

• '천사표' 인가 보려고요

피곤하시겠어요. (왜요?)

• 하루 종일 제 머릿속에서 돌아다니니까요.

재치가 있으면서도 사랑하는 마음이 듬뿍 담겨 있는 말들이다. 지나치게 남용하면 작업용 멘트처럼 느껴질 수도 있지만 사랑하는 사람에게 활용하면 애교스럽게 사랑을 전할 수 있을 것이다. 내가 다시 청춘시절로 돌아간다면 프러포즈부터 멋지게 꾸며보고 싶다. 내 아들은 어떻게 프러포즈했는지 이야기 들을 날이 벌써부터 기다려진다.

인생의 최대 비극은 사랑하는 일을 그만두는 것

찰스 다윈은 "만약 내가 다시 한 번 살 수 있다면, 적어도 나는 일주일에 한 번쯤은 시를 읽고 음악을 듣는 것을 습관으로 삼을 것이다"라고 말했다. 나는 이렇게 말하고 싶다. "만약 내가 다시 한 번 살 수 있다면, 적어도 나는 하루에 단 5분이라도 사랑에 관한 묵상의 시간을 갖고 누군가에게 사랑한다고 말해 줄 것이다."

'인생에서 최대의 비극은 사랑하는 것을 그만두는 일이다' 라는 말이 있다. 살아가는 동안에는 결코 사랑하는 행위를 멈추어서는 안 된다. 특히 혼자서는 사랑을 배울 수 없고 한 가지 사랑만 가지고는 부족하다. 온전한 사랑, 균형 잡힌 사랑이 되기 위해 모든 이들을 가슴에 품을 수 있어야 한다. 나는 젊은이들에게 다음의 글로 세상에 대한 사랑을 말하고 싶다.

모든 사물을 사랑으로 바라보아라
나는 태양을 사랑하리라, 나의 몸을 따뜻하게 해주니까
그러나 소낙비도 사랑하리라, 나의 영혼을 깨끗하게 해주니까

나는 밝음을 사랑하리라, 나의 갈 길을 밝혀주니까
그러나 어둠도 사랑하리라, 별을 볼 수 있게 해주니까
나는 행복을 사랑하리라, 내 가슴을 가득 채워주니까
그러나 슬픔도 사랑하리라, 나의 마음을 가다듬어주니까
나는 당당히 보상을 받으리라, 내 노력의 대가니까
그러나 난관들도 환영하리라, 나에게 도전이 되니까
나는 야망을 가진 자를 사랑하리라, 그들은 나를 더욱 분발하게 하니까
그러나 실패한 자들도 사랑하리라, 그들은 나에게 배움과 교훈을 주니까
나는 강건한 왕들을 사랑하리라, 그들도 결국 인간이니까
그러나 온순한 자들도 사랑하리라, 그들은 믿음이 좋으니까
나는 부유한 자들을 사랑하리라, 그들도 외로우니까
그러나 가난한 자들도 사랑하리라, 그들은 우리와 늘 함께하니까
나는 젊은이들을 사랑하리라, 그들은 신념을 품고 있으니까
그러나 늙은이들도 사랑하리라, 그들은 지혜를 가졌으니까
나는 예쁜 사람들을 사랑하리라, 그들의 눈은 슬픔을 담고 있으니까
그러나 못난 사람들도 사랑하리라, 그들은 평온한 영혼을 지녔으니까
나는 사랑이 충만한 마음으로 이 날을 맞이하리라

사랑은 가르침이 아니다

요즘 신문 지상에 심심치 않게 발을 씻기는 세족식 사진이 자주 등장한다. 섬김의 리더십이 널리 회자되면서 스승이 제자들의 발을 씻기고 상사가 부하직원의 발을 씻기는 장면이 나온다. 이런 기사와 사진을 보면서 많은 생각을 해봤다.

발 벗고 나서다, 발 뻗고 자다, 발에 차이다, 발을 구르다, 발을 끊다, 발을 빼다, 발을 뻗다, 발이 내키지 않는다 등 우리말에는 의외로 발에 관련된 관용구들이 많다. 성경에도 발에 대한 언급이 나타난다.

"대야에 물을 담아 제자들의 발을 씻기시고……"요한복음 13:5

예수님이 행하신 세족식은 그 당시 노예들이 맡아 하던 일로서 하인 중에서도 가장 천한 부류에 속한 사람들이나 하는 일이었다. 예수님은 왜 하필 발을 씻기려 하셨을까? 세족식에 숨겨진 영적 비밀을 매튜 헨리는 이렇게 풀이한다.

"많은 성서 번역자들은 주님께서 그의 제자들의 발을 씻기신 일을 주님의 모든 사명 중 대표적인 것이라고 생각한다. 주님은 그 자신이 하나님과 동등하며 모든 것이 그의 것임을 알고 계셨다. 그런데도 그는 영광의 책상에서 일어나셔서 빛의 겉옷을 벗으시고 인간성으로 허리띠를 두르시고 하인의 형태로 오셨다. 그는 누구의 도움을 받으러 오신 것이 아니고 오히려 돌보아주시기 위해 오셨고 피를 쏟고 영혼까지 쏟아주시고 죽으셨다. 그리하여 우리의 죄를 씻을 수 있는 대야가 마련된 것이다."

스승이 제자의 발을 씻기실 때 당혹스러워 했을 제자들의 얼굴이 오버랩 되면서 마침 정호승 시인의 〈세족식을 위하여〉란 시에서 '사랑을 가르치지 말라' 는 시어가 가슴을 저민다.

사랑을 위하여
사랑을 가르치지 마라
세족식을 위하여 우리가
세상의 더러운 물 속에 발을 담글지라도
내 이웃을 내 몸과 같이 사랑할 수 있다고
가르치지 마라

지상의 모든 먼지와 때와
고통의 모든 눈물과 흔적을 위하여
오늘 내 이웃의 발을 씻기고 또 씻길지라도
사랑을 위하여
사랑의 형식을 가르치지 마라

사랑은 이미 가르침이 아니다
가르치는 것은 이미 사랑이 아니다
밤마다 발을 씻지 않고는 잠들지 못하는
우리의 사랑은 언제나 거짓 앞에 서 있다

가르치지 마라 부활절을 위하여
가르치지 마라 세족식을 위하여
사랑을 가르치는 시대는 슬프고
사랑을 가르칠 수 있다고 믿는
믿음의 시대는 슬프다

무언가를 고쳐놓고 누군가를 가르쳐놓아야 직성이 풀리는 이들이 있다. 장 주슬로는 이런 말을 했다.

"다친 달팽이를 보거든 돕지 말라. 그 스스로 궁지에서 벗어날 것이다. 당신의 도움은 그를 상심하게 할 것이다. 제자리를 떠난 별을 보거든 별에게 충고하고 싶더라도 그만한 이유가 있을 것이라고 생각하라. 빨리 흐르라고 강물을 떠밀지 말라. 강물은 나름대로 최선을 다하고 있는 것이다."

나도 다시 이 글을 읽으면서 바로 내가 그런 사람이 아닐까 반성해 본다. 젊은이들에게 혹시 사랑을 가르치려고 하지 않았었나, 그들의 자연스러운 삶을 가만히 지켜봐주지 못하고 간섭하지는 않았었나 되돌아본다.

좋은 배우자를 소망하라

배우자를 선택할 때는 공동체 속에서 자연스럽게 관찰하여 서로를 잘 알고, 어른들이 인정할 수 있는 사람이 좋을 것이다. 나도 아내를 만나 결혼을 결정할 때 비슷한 과정을 거쳤다. 내가 교회의 강도사 생활을 할 때 아내는 교회 고등부의 교사였다. 서로 안면은 있었지만 가까운 사이는 아니었다.

어느 몹시 태풍이 부는 날이었는데 아내가 그 태풍을 뚫고 철야 기도회에 참석하러 왔다. 기도하는 모습이 아련하고 예뻐 보였다. 이 거센 태풍을 뚫고 온 여자라면 모든 난관을 뚫고 갈 수 있겠구나 싶었다.

교회에 계신 분들의 응원 속에서 데이트를 시작했다. 내 호주머니 사정이 빈약하다 보니 아는 분에게 인사를 다니며 데이트를 하였다. 밥을 얻어먹으니까 밥값이 따로 들지 않아서 좋았고, 돌아오는 길에 버스를 타고 아내를 데려다주면서 '우리도 저렇게 예쁘게 살자!' 며 다짐할 수 있었다.

나는 아내와 결혼할 때 기도문을 작성하여 그 기도문대로 살자

고 약속했다. 물론 살면서 서로 다른 것을 인정하지 못하고 많이 싸우고 갈등했지만 한 가지만은 꼭 지켜왔다. 항상 같은 지식과 경험을 공유하여 동등하게 성장하자는 것이었다. 그래서 하루에 있었던 일을 모두 아내에게 이야기하는 것은 물론 좋은 책을 읽으면 반드시 권했고, 좋은 이야기를 들으면 아내에게 이야기해 주었다.

한번은 이런 일도 있었다. 당시에 목회자에게 개방된 세미나가 있었다. 그 세미나 내내 나는 미래를 향한 꿈을 꾸었다. 새로운 국제 문화에 눈을 뜨면서 문화적 충격도 많이 받았다. 내가 받은 감동을 있는 그대로 전달할 수 없어 아내에게 제안을 했다.

"목회자들만 참석하게 되어 있는 세미나이긴 한데 난 당신이 그곳에서 봉사를 하면서 곁눈질로라도 그 분위기를 알고 그 내용을 들으면 좋겠어."

서울에서 하는 호스피스 교육이었는데, 너무나 감동적이어서 아내에게도 같은 교육을 받고 비슷한 목표를 가졌으면 하는 욕심이 생긴 것이다. 그런데 이 교육은 성직자를 대상으로 하는 것이어서 아내가 참석할 수는 없었다. 그래서 편지를 쓰라고 했다. 아내는 진행본부에 간곡한 편지를 보냈고 그 편지에 감동한 본부에서 아내에게도 참석할 수 있는 기회를 주었다. 아내는 여자로서는 처음으로 그 교육을 받을 수 있었다.

우리 부부가 조금 극성스러워 보일 수도 있지만, 부부는 항상 같은 지식수준을 갖고 경험을 공유해야 동등할 수 있다고 생각한다.

젊은이들이 모두 내 방식을 따르라고 이야기하는 것은 아니지만, 배우자를 소망할 때는 다음과 같은 7가지 질문을 던져 보기를 바란다. 결혼을 한다면 부부가 서로 동등하게 발전할 수 있도록 노력해야 할 것이다.

1. 부모를 자랑스러워하는가?

부모 없이 태어난 사람은 아무도 없다. 또한 부모에게 영향을 입지 않은 사람도 없다. 부모는 한 사람이 자라가는 데 필요한 성장환경이 된다. 더구나 그(그녀)가 부모를 어떻게 대하느냐가 그 사람의 인생의 질을 결정한다. 주의 깊게 살펴 보면 이 질문을 통해 그(그녀)가 진정 '치유 받은 영혼' 인가를 알게 된다.

2. 웃을 줄 아는가?

너무 심각한 사람은 일단 제외시켜라. 웃음이 없다는 것은 연골조직이 파괴된 관절과 같아 앉은뱅이가 되고 만다. 웃음은 신이 인간에게 내린 가장 큰 선물이다. 웃음이 없는 인생은 오아시스 없는 사막을 건너는 것과 다를 바 없다. 웃음을 통해 그(그녀)가 '긍정의 세계관' 을 가진 사람인지 아닌지를 측정할 수 있다.

3. 즐겁게 일하는가?

어차피 할 일이라면 즐기라는 말이 있다. 억지가 사람을 골병들게 한다. 하는 일을 즐거워하는지를 살펴보아야 한다.

4. 나눔이 있는가?

나눔이 곧 채움이다. 내가 누군가에게 나눠줄 것이 있으면 나는 곧 부자다. 더구나 지갑을 먼저 여는 사람이 리더가 된다. 움켜쥐기만 하는 사람의 재물관은 의심해 볼 필요가 있다. 나눔이 곧 '관계의 기술'이므로 얼마나 지갑을 잘 여는가를 살펴야 한다.

5. 사고가 유연한가?

생각이 곧 그 사람의 미래다. 경직된 사고, 고정관념으로는 세상을 정복할 수 없다. 편견이야말로 인생의 가장 무서운 걸림돌이다. 그(그녀)에게 발상의 전환이 있는가를 살펴라. 이 질문이 가져다주는 답은 '변화의 욕구'이며 '세상에의 적응력'이자 '경쟁력'이 된다.

6. 책임질 줄 아는가?

적어도 자신이 한 말과 행동에 책임질 줄 알아야 한다. 책임회피와 전가야말로 가장 비겁한 행동이다. 남탓과 원망에 빠져들지 않고 책임을 다하는가를 살펴라. 그게 곧 '인생의 도리'이기 때문이다.

7. 하나님과 동행하는가?

하나님을 어떻게 고백하는가를 보면 그 사람됨을 알 수 있다. 그가 교회에서만이 아니라 일상에서 하나님과 동행하는가를 살펴라. 그게 신행일치의 삶이다. 마지막 질문이야말로 모든 질문을 뛰어넘는다. 그의 '신앙관'을 통해 그의 미래를 내다볼 수 있다.

결혼은 사랑, 섬김, 배려이다

사랑에 대해 사람들이 가장 많이 하는 질문이 있다.

"어떤 사랑을 참 사랑이라고 말할 수 있을까?"

"인간은 참 사랑에 도달할 수 있을까?"

우리는 '내게 필요해서 상대를 사랑한다'와 '내가 사랑해서 상대가 필요하다' 사이에서 방황하게 된다. 에리히 프롬은 이렇게 답했다.

"필요해서 상대를 사랑하는 상태는 성숙하지 못한 정신의 응석일 뿐이다. 진정한 사랑을 하고 싶다면 사랑하기에 그대가 필요한 상태로 이를 수 있도록 자신을 단련시켜야 한다."

그의 저서 《사랑의 기술》의 말미에 이런 질문을 던진다.

"자본주의로는 진정한 사랑이 가능한 사회를 이룰 수 없다고 보아야 할까? 그렇다면 무엇을 어떻게 해야 할까?"

모든 것이 조건으로 규정되고, 사랑조차도 조건 중 하나로 여겨지는 자본주의 사회에서 진정한 사랑이 가능할까 하는 도전적인 질문이다. 이번에는 우리가 에리히 프롬에게 답해 주어야 할 차례다. 에리히 프롬이 던진 질문에 답이 될지는 모르겠지만 내가 청년들에게 강의했던 내용을 들려주고 싶다.

결혼을 앞둔 청년들을 대상으로 강의할 기회가 여러 번 있었는데, 그때마다 나는 왜 결혼을 하느냐고 물어본다. 모두들 하나같이 사랑하기 때문에 결혼한다고 대답한다. 사랑하기 때문에 결혼한다는 말은 너무나 당연하게 들리지만 어찌 들으면 정말 위험한 말이다. 사랑하기 때문이라는 말은 조건에 의해 달라질 수도 있다는 말이다. 사랑하기 때문에 결혼했는데 살다 보니 애정이 식을 수도 있다. 그렇다면 어떻게 되는 것일까?

나는 사람들에게 '~때문' 이라는 조건이 아니라 '~위해서' 라는 목적을 가지라고 말하다. 사랑하기 위해서, 섬기기 위해서, 봉사하기 위해서 함께한다는 것은 어려움과 고통조차도 극복할 준비가 되어 있다는 것이다.

또한 '~위해서' 라는 말은 자기를 낮추고 상대방을 배려하는 말이다. 자기중심적으로 살아온 청년들은 사랑에서도 자기중심적이다. 사랑하는 두 사람이 상대방을 배려하지 않고 무조건 배려받기를 바란다면 원활한 결혼 생활을 할 수 없다. 끊임없이 자신이 손해를 봤다고 투덜거릴 것이고 더 사랑해 주고 배려해 달라고 아우성칠 것이다. 동네가 떠들썩할 정도로 사랑하였던 두 사람이 결혼하고 몇 달 만에 이혼하는 일이 생기는 것을 보면 얼마나 서로에 대한 이해심이 없어서일까 하는 생각이 든다.

사랑하기 때문에 결혼했다는 굳은 믿음을 갖고 있었는데, 막상 결혼해 보니 그것은 환상이었다며 심한 배신감을 느끼며 분노하는 경우가 많다. 그러면서 속아서 결혼했다고 이야기한다. 자신을 낮추고 자신이 배우자를 위해서 무엇을 해줄 수 있을까, 어떻게 봉사할 수 있을까를 생각한다면 어떤 상황에서도 사랑하며 살 수 있다. 결혼은 조건이 아니다. 결혼은 서로 섬기고, 봉사하고, 배려하고, 사랑하기 위해서 하는 것이다.

가족 간에도 함께해야 사랑이다

큰아들은 중학교에 입학할 때부터 자신의 방을 갖고 싶다고 졸랐었다. 어려서는 삼촌과 고모 등과 함께 살아야 했던 집안 형편 때문에 자기 방이 없었다. 중학생이 되어도 여전히 동생과 함께 방을 써야 했다. 고등학생 때는 형편이 나아져 방 여유가 있었지만, 나는 아들에게 독방을 주지 않았다. 아마도 유학을 떠났을 때 혼자서 방을 쓸 수 있다는 해방감에 쾌재를 불렀을 것이다.

아들에게 독방을 주지 못한 것은 미안한 일이지만 내가 그런 판단을 한 데는 그만한 이유가 있었다. 그것은 내가 자라온 대로 내 아들도 자라기를 바라는 마음 때문이었다. 내 아버지가 교사 생활을 하셔서 나를 포함한 육남매는 오랫동안 학교 관사에서 생활했다. 한 방에서 옹기종기 한 이불을 덮고 잠이 들었고, 아침에 아버지가 이불을 걷어버리면 모두들 함께 일어나야 하는 생활이었다.

밥상머리에 앉아서 식사를 할 때도 생존 경쟁이 무엇인지를 터득해야 했다. 가족들이 같이 밥 먹을 때는 밥하고 국보다 반찬을 먼저 먹어야 한다는 노하우도 일찌감치 터득했다. 밥하고 국은 확실하게 자기 몫이지만, 반찬은 공용이기 때문에 전투 아닌 전투를 치러야 했다.

'가능하면 멀리 찌르고, 한 번 찌르면 많이 가져온다.'

요즘 아이들이 들으면 웃음을 터뜨릴 일이지만 그 당시 대부분의 가정 풍경이 아닐까 싶다. 가난하고 힘든 시절이라서 한 번 끼니를 못 챙겨 먹으면 다음 끼니까지 참고 기다려야 했고, 배고픔을 참지 못하고 처마 밑에 걸어놓은 먹을 것을 꺼내다가 미끄러져서 혼나기도 여러 번이었다. 먹을 것이 흔한 요즘에 태어나고 자란 세대들은 이해하기 힘든 일이다.

비록 배고프고 힘들었지만 육남매는 어려움을 함께하면서 싹트는 형제애가 있었다. 형제 중의 한 명이 아버지에게 혼나고 집에서

쫓겨나면 누군가 눈치를 보아가며 먹을 것을 챙겨주었다. 집으로 몰래 들어올 수 있도록 도와주기도 했다. 그렇게 육남매가 똘똘 뭉칠 수 있었던 것은 불편함을 참고 한 방에서 부대끼며 생긴 끈끈한 형제애가 있었기 때문이라고 생각한다.

요즘 형제들은 함께 지내면 공부에 방해된다는 이유로 각자의 독립적인 공간을 차지하고 있다. 그래서 조금이라도 불편하거나 방해받는다는 느낌이 들면 잘 참지를 못한다. 가장 가까운 가족끼리 지내는 것도 불편한데 가족이 아닌 사람들과 공동생활을 하게 되면 더욱 견디기 힘들 것이다.

나는 아들이 불편하더라도 동생과 같이 방을 쓰면서 서로 도와주고 양보하고, 선의의 경쟁의식을 갖고 도전하기를 바랐다. 그리

고 혼자만의 비밀스러운 행동을 예방하는 데도 도움이 된다고 생각해서 아들의 간절한 소망을 들어주지 않았었다. 아들은 서운하게 생각했지만 지금도 형제애가 각별한 것을 보면 내 판단이 옳았다는 생각이 든다.

얼마 전에 여자 친구 문제 때문에 힘들어 하는 동생을 데려다가 학기말 시험을 눈앞에 둔 상황인데도 불구하고 밥해 주고, 위로를 해주었다는 이야기를 들었다. 그 소식을 듣고 어느 순간보다 행복하고 기뻤다.

나는 지금도 어릴 때처럼 육남매가 모여 한 방에서 자는 꿈을 꾼다. 옹기종기 한 이불 밑에서 살을 맞대고, 서로 이불자락을 당기며 싸우고, 자리 뺏길까봐 오줌 누러 가지도 못하던 그 시절이 그리울 때가 있다. 모름지기 가족은 한 공간에서 부딪치며 정을 나누어야 한다는 생각이 든다.

하루에 한 번은 포옹하라

비행기 안에서 무료한 시간을 달래려 모니터를 켰다. 〈백 마디 말보다 소중한 단 한 번의 포옹〉이라는 프로그램이 방영되고 있었는데 눈물이 날 정도로 감동적이었다. 그런데 뜻밖에도 아내가 이 방송에 출연하고 있었다. 방송 인터뷰를 했다는 이야기는 들었지만 구체적으로 무얼 했는지 잘 몰랐었는데 방송에서 아내를 본 것이다. 덕분에 포옹의 의미를 깊이 새기는 기회가 되었다.

오스트레일리아의 후안 만이란 청년이 시드니의 한 거리에서 '프리 허그Free hugs' 피켓을 들고 지나가는 사람들과 포옹을 하기 시작했다. 처음에는 웃기는 일로 치부하던 이들이 후안의 진심을 알고는 동참하기 시작했다. 드디어 이스라엘의 텔아비브로 그리고 포르투갈로 번져가기 시작했다. 후안은 "사람들이 웃고 행복해 하는 것을 보고 싶었다"고 말했다.

조지 하우 콜트는 이런 말을 했다.

"신체접촉은 의식주와 마찬가지로 사람이 성장하는 데 없어서는 안 될 근원적인 욕구다. 어머니와 젖먹이 간의 포옹과 애무에서부터 죽어가는 아버지의 손을 부여잡아 이승에 마지막 하직을 고하게 해주는 아들의 손길에 이르기까지 신체 접촉은 가장 친밀하면서도 설득력 있는 인간의 의사소통 수단이다. 미켈란젤로는 이 점을 잘 알고 있었다. 그래서 그는 시스틴 성당의 천장에 아담에게 한 손을 내뻗은 하나님의 모습을 그리면서 두 손끝의 접촉을 묘사하는 형태로 생명의 부여를 표현했다."

한 보고에 의하면 하루에 여러 번 포옹을 해주면 남편과 아내의 수명이 거의 2년이나 늘어난다고 한다. 이러한 결과는 쥐 실험에도 어김없이 나타났다. 쥐의 600일 수명이 900일로 연장됐다고 한다. 헨리 매튜워드의 시로 포옹의 장점을 이야기할까 한다.

부속품도 필요 없고, 건전지도 필요없다
다달이 돈 낼 필요도 없고
소모품 비용도 들지 않는다
은행 금리와도 상관없으며
세금 부담도 없다
오히려 마음의 부담을 덜어준다

도둑맞을 염려도 없고
시간이 지나 퇴색할 염려도 없다
한 가지 사이즈에 모두가 맞으며
질리지도 않는다
가장 적은 에너지를 사용해

가장 감동적인 결과를 낳는다

긴장과 스트레스를 풀어주고
행복감을 키워준다
절망을 물리쳐주며
당신의 눈을 빛나게 하고
스스로 당신 자신을 존중하게 해준다

감기, 얼굴에 난 종기, 골절상에도 효과가 있으며
불치병까지도 극적으로 낫게 한다
이 약은 특히
가슴에 난 상처에 특효약이다

이 약은 전혀 부작용이 없으며
오히려 혈액 순환까지 도와준다
이것이야말로 가장 완벽한 약이다
처방은 이것이다
최소한 하루에 한 번씩
식후 30분이든 식전 30분이든
서로 껴안으라는 것이다

평생 함께할 수 있는 친구는 큰 재산이다

친구는 인생에서 정말 중요한 재산이다. 소중한 친구가 없는 사람은 불행하다. 더욱이 자신의 모난 성격 때문에 친구가 없다면 그 인생은 얼마나 쓸쓸할까. 인생의 큰 기쁨을 잊고 사는 것이나 마찬가지다. 친구는 기쁨을 배로 늘려주면서 고민은 절반으로 줄여주는 존재다.

한동안 유행했던 영화 대사가 기억난다.

'우리 친구 아이가?'

더 이상 아무런 설명이 필요 없는 말이다. 친구라는 말처럼 정겨운 단어도 없는 것 같다. 우리나라 말에 소싯적 친구(불알친구), 동네 친구, 군대 친구가 있듯 영어에도 몇 종류의 친구가 있다.

'Bosom Friend' 라 하면 만났을 때는 흉금을 털어놓을 수 있고 떨어져 있을 때는 가슴속 깊이 따뜻한 곳에 간직해 놓을 만한 사람을 의미한다. 'Lifelong Friend' 라 하면 평생을 같이하는 친구를 지칭한다. 반면 'Fair weather Friend' 라 함은 좋은 날씨에만 친구가 되는 사람을 말한다. 유리할 때 붙었다가 불리하다 싶으면 내

빼는 친구를 말한다. 그런 경우도 친구라고 해야 할까?

두 말할 것 없이 즐거움보다는 어려움을 함께 나눌 수 있는 친구가 좋다. 그러기 위해서는 나부터 친구의 어려움을 함께할 수 있어야 한다. 즐거움을 함께할 친구는 많지만 어려움을 함께 나눌 친구는 많지 않다.

나는 친구라는 한자어보다 순수 한글의 '씨밀래'가 훨씬 정겹게 느껴진다. 씨밀래란 '영원한 친구'를 뜻한다.

어릴 때는 많은 친구를 사귀는 것이 좋더니 나이가 드니까 마음을 털어놓을 한두 명의 친구가 더욱 소중하게 느껴진다. 여자들만 수다 떠는 줄 아는데, 남자들도 친구들과 수다를 떨 때가 많다. 시시껄렁한 이야기들 나누며 밤늦게까지 노닥거리다 집에 돌아오면 나는 조선시대 문신인 신흠(1566-1628)의 시 〈친구를 만나면〉을 읊조린다.

소탈한 친구를 만나면 나의 속됨을 고칠 수 있고,
통달한 친구를 만나면 나의 편벽됨을 깨뜨릴 수 있고,
박식한 친구를 만나면 나의 고루함을 바로잡을 수 있고,
인품이 높은 친구를 만나면 나의 타락한 속기를 떨쳐버릴 수 있고,
차분한 친구를 만나면 나의 경망스러움을 다스릴 수 있고,
욕심 없이 깨끗하게 사는 친구를 만나면 사치스러워지려는
나의 허영심을 깨끗이 씻어낼 수 있다

친구들을 만나 좋은 첫째 이유는 수다 떨며 놀 수 있기 때문이고

두 번째는 허심탄회하게 말을 주고받을 수 있기 때문이다. 친구 최일도가 이런 말을 했다.

"우리 서로 잘못된 길에 들어서면 서로의 얼굴에 침을 탁 뱉자. 알았지?"

흉허물을 나누고 내가 잘못하고 있을 때 지적할 수 있는 친구. 그런 친구가 있다면 정말 든든할 것이다. 내 아들도 인생길을 따뜻하게 채워주는 그런 친구가 꼭 있으면 좋겠다.

부모 자식 간에는
사랑하기에 다하지 못한 말이 있습니다.
당신의 마음을 보여주세요.

에필로그

나를 딛고 세상을 향해 높이 뛰어올라라

–아들에게 띄우는 편지

사랑하는 예찬 군, 예준 군. 갑자기 달라진 칭호에 당황할 모습이 역력하네. 이젠 더 이상 철부지 아들이 아니라 어엿한 성인으로 훌쩍 자란 자네들을 함부로 부르기 어려워 이렇게 말하게 되었네. 용서하게.

난, 자네들이 초등학교 입학하기 전까지 깍듯이 존댓말을 썼었네. 말을 가르치고 싶었던 것이지. 아니 언어예절을 키워주고 싶었던 것일세. 그뿐이 아냐. 기억하지 못하겠지만 어린 자네들을 데리고 식당에 가서도 밥을 퍼서 나누어준 일이 없었지. 자네들에겐 한 사람 몫이 많다는 걸 알면서도 당당히 한 몫으로 밥상을 차려 놓도록 했던 거야. 설사 낭비가 되더라도 당당하게 한 사람의 인격으로 대우해 주고 싶었던 거지. 오늘 새삼 자네들을 생각하며 마지막 편지를 쓰려니 그때 일이 생각나지 뭔가.

난 그동안 사회적 지위보다 아버지란 역할에 대해 더 많은 고민을 해왔다네. 늘 이렇게 묻곤 했지. '아버지란 존재는 자녀들에게

무엇일까?' 지금까지도 풀지 못한 나의 고민일세. 솔직히 말해 모든 아버지들이 그렇겠지만 항상 자네들의 롤 모델이 되어야 한다는 부담감을 안고 살아왔다네.

'눈길 걸을 때 흐트러지게 걷지 마라. 내가 걷는 발자국이 뒷사람의 길이 되리니.' 이 서산대사의 말이 언제나 가슴 안에 맴도는 것도 아버지가 되고부터였다네. 혹시 내가 비뚤 비뚤 걷는 바람에 따라오는 자네들까지 그렇게 걷게 될까봐, 난 언제나 내 발자국을 돌아보곤 했지. 세월이 많이 흘러 두 다리에 힘이 빠질 때도 있을 테지. 그것은 당연한 시간의 이치일 거야. 그러나 그때조차도 세상의 모든 아버지들은 자식에게 성큼성큼 걷는 단단한 걸음만을 보여주고 싶어 할 걸세. 이게 세상 아버지들의 마음이라네.

얼마 전에 예찬 군만 빼고 우리 가족 셋이서 분당의 율동공원으로 번지점프를 하러 간 일이 있었지. 모처럼 아빠와 재미있게 시간을 보내고 싶다는 예준 군의 제안을 그냥 넘길 수가 없어서 나섰던 걸음이었어. 하지만 차를 타고 가는 내내 나는 딴생각을 했다네.

'몸 상태가 좋지 않으니 그냥 돌아가자고 말할까?'

'갑자기 해야 할 일이 생각났다며, 일을 하러 가야 한다고 말할까?'

어떻게 해야 자연스럽게 번지점프를 하지 않을까 고민했지. 예준 군은 내가 대범한 척 따라나섰지만 속으로는 전쟁을 치르고 있었단 걸 까맣게 몰랐었을 거야. 고백하자면 난 솔직히 겁이 나서 다리가 후들후들 떨렸지. 하지만 약한 모습을 보이고 싶지는 않았어. 아버지란 존재에 대해 환상을 깨고 싶지 않았던 거지.

결국 핑계를 댈 타이밍을 놓쳐 나는 번지점프대 앞에 서고 말았지. 엘리베이터를 타고 45m 높이를 오르는데 머리가 하얗게 텅 비고 다리가 떨리고 속이 울렁거리더구먼. 번지점프대 꼭대기에 올라섰을 때까지도 다시 내려가고 싶은 마음이 굴뚝같았어. 그래도 크게 호흡을 하며 마음을 가다듬었지. 순번이 정해져서 엄마가 1번, 내가 2번, 준이가 3번. 자네 엄마는 맨 앞에 나서서 겁도 없이 두 팔을 벌리고 나비처럼 뛰어내렸고, 내 차례가 되었어. 뛰어내려야 하는 순간이 되자, 나도 모르게 기도가 나오지 뭔가.

머뭇거리는 나에게 들려온 소리는 하나님의 응답이 아니라 “아저씨, 안 뛰어 내릴 겁니까?” 하는 도우미의 짜증난 소리였다네.

“어, 예, 예…….”

에라, 모르겠다. 점프! 허공에 몸을 날리고 보니 먼저 도착해 회심의 미소를 지으며 저 아래에서 소리치는 엄마의 모습이 보였지.

드디어 착륙! 내가 해냈다는 기쁨도 잠시, 그 순간 조금은 슬펐지. '50대 아빠의 비애'라고 할까. 영원히 강한 아빠로 남고 싶지만, 할아버지가 나한테 들켰듯이 언젠가는 나도 자네들에게 나의 약한 모습을 들키게 될 것이라는 생각이 들어서였지.

생각해 보면 인생은 결국 아버지를 알아가는 것이 아닐까 싶다네. 내가 한때 할아버지를 원망하고 좌절했듯이 대부분의 아들들은 아버지라는 존재를 극복하지 못해 힘들어하고 오랜 시간 방황하게 되지. 나도 나이 사십이 되어서야 비로소 아버지라는 존재를 극복하고 이해하게 되었다네.

예찬 군, 예준 군, 내가 이 책을 쓰는 이유를 조금이라도 알겠는가? 한마디로 말해 자네 둘은 좀 더 빨리 아버지의 존재를 극복하고 멀리, 그리고 높이 날아오르기를 바라는 마음에서라네. 둘에게 아버지란 존재는 항상 강하고 완벽해 보일지 모르겠지만, 감춰져 있을 뿐이지 자네들이 모르는 모습도 참 많다네. 비겁해질 때도 있고 자네들 실력에 못 미치는 어학 실력과 컴퓨터 실력에 창피할 때도 있고 처절한 실패의 경험도 한둘이 아니라네. 그저 감추고 살았을 뿐. 그뿐일까?

엄마하고 싸우고도 안 그런 척 포장도 많이 했고 차마 말하기 어려운 부끄러운 일도 많았다네. 하지만 기억해 주게. 그렇게 연약하고 보잘것없는 존재지만 아버지라는 멍에가 이만큼 나를 지켜 주었다네. 그래서 자네들 덕분에 그래도 이만큼 살아올 수 있었다는 사실에 감사한 마음을 전하고 싶다네.

혹이라도 나를 두려워하는 마음이 있다면 다 지우게. 그리고 서운한 마음도 다 버리게. 이젠 나를 딛고 더 우뚝 서게나. 그리고 좋은 아버지를 넘어서 위대한 아버지들이 되어 보게나. 난 이 말을 너무 좋아 한다네.

'좋은 것은 위대한 것의 적이다.' 짐 콜린스가 한 말이지.

나를 좋아하는 것에만 머물지 말고 이젠 나를 버리게. 그래야 자네들은 위대해질 수 있어.

나를 딛고 세상을 향해 뛰어올라라

지은이 | 송길원
펴낸이 | 김경태
펴낸곳 | 한국경제신문 한경BP
등록 | 제 2-315(1967. 5. 15)

제1판 1쇄 발행 | 2009년 4월 25일
제1판 3쇄 발행 | 2009년 7월 25일

주소 | 서울특별시 중구 중림동 441
홈페이지 | http://www.hankyungbp.com
전자우편 | bp@hankyung.com
기획출판팀 | 3604-553~6
영업마케팅팀 | 3604-561~2, 595   FAX | 3604-599

ISBN 978-89-475-2702-6
값 13,000원

파본이나 잘못된 책은 바꿔 드립니다.

사랑하는 ____________ 에게